28日間でマスターする
幽体離脱トレーニングブック

大澤義孝

アールズ出版

はじめに

本書は意識的に幽体離脱する方法を技術的に解説したものだ。ある程度の訓練をすれば誰でもそれが可能になる。肉体に戻れなくなるかもしれないという心配はいらない。必ず戻ってくることができる。

前著の『幽体離脱入門』では、幽体離脱の仕組みを説明するために、人間は物質体、エーテル体、アストラル体、自我（体）の四体から成ると説明した。難解すぎると感じた読者もいたようだ。

本書では前著以上に実践に重きをおき、わかりやすさを優先し、人間は肉体と幽体の二つから成ると見なす。

肉体から幽体が離脱することを幽体離脱と呼んでいる。実践にはこの二つの体があることを覚えていればことたりる。しかし前著の説明と矛盾はない。二体の考え方と四体の考え方の関係性については、前著を参照してほしい。

第9章 ヨガ体位法…幽体、肉体の両方を鍛える

第10章

28日間、幽体離脱マスター訓練コース

第1章

幽体離脱を実践する前に

肉体から幽体が幽界へ離脱する

「内」に「人」がいる様を描いて「肉」と読む。アニメや映画の中で亡き人が半透けの幽霊化した人物として登場するのを見たことがあるだろう。地獄に落ちた亡者を描いた地獄絵図でも、天国への階段を上っていく人々の絵でも人は人の形のままだ。

肉体を失った死後の生について人が思い描くとき、肉体と同じ体をもっているように想像するらしい。肉体を失ってもそこに宿っていたものは人の体というわけだ。あの世にはあの世での肉体があると無意識的に思っているらしい。

ここまではフィクションだったが、実はこれはノンフィクションでもある。幽体離脱体験ではまさにこれと同じことが起きる。鞘から刀が抜けるように肉体から幽体となった自分が離脱する。そして幽界（アストラル界）という異界に行く。そこでも肉体と同じ姿の自分を見るだろう。

この幽界における肉体のことを幽体と言う。置き去りにした肉体がある世界は物質界と言う。私たちが日常を過ごしている場所だ。

一度も幽体離脱を経験したことがない人は、自分が幽体を有しているという自覚がなく、肉体こそが自分自身だと信じているかもしれない。しかし幽体離脱を経験すれば幽体の存在を疑うことはしなくなるだろう。

幽界は異空間である

幽界は物質界とは別の空間だ。体脱したときもはや自分は物質界にはいない。アニメの話にあるような「幽霊となった人が生きている友人を訪ねる」というシチュエーションは、幽霊(幽体)が物質界にまだいることになっている前提が多い。しかしこれは現実の幽体離脱の観点から言えばまずありえないことだ。肉体から離れた幽体は幽界でのみ活動できる。

幽界には物質界と共通した特徴と異なる特徴がある。幽界は物質界と同じく三次元の広がりをもつ世界だが、幽界を訪れたとき、その人の前にどのような光景が広がっているかは不定だ。地獄や天国のような非日常的な光景ということもあるし、自分が住んでいる部屋や町とそっくりということもある。外国や自然の中、海の中、地下世界、よその星、おおよそなんでも見る可能性はある。

自分の部屋とそっくりというのは始末が悪く、予備知識がないとそこが物質界だとほぼ確実に勘違いしてしまう。つまり幽界で見る光景は、物質界で見るのと同様、大変鮮明でリアルなものだということだ。初めて体脱した人はまずこれに驚く。

読者はこの予備知識を得たわけだから、体脱して、もし自分の部屋に出たら、そこで窓ガラス（他のものでもいいけど）を壊してみよう。ガラスは大きな音を立てて割れ破片が飛び散るだろうし、壊す手応えもはっきりと感じるだろう。つまり物質界でそれをしたのと同じ体験をする。幽界は見えるだけの世界ではなく五感情報すべてがそろっている。だから幽体も肉体と同じ感覚器官を有していると見なせる。

しかし肉体に戻り幽体と肉体が合体し物質界で目を覚ますと、壊したはずの窓ガラスが割れてはいない。幽界が別空間にあるというのはそういうことだ。

物質界とは異なる幽界の超常的な特徴

幽界には人や動物も存在しており会話も成立する。テレパシーのような以心伝心も可能だ。物質世界にいるはずの友人に会うことすらある。しかし幽界は異空間なので、たとえ会話を交わしても、肉体に戻ってから確認すれば友人はそのことを知らないと言うだろう。それでも幽界の友人とは、あたかも本物であるかのように会話が成立する。

幽界では心に念じることで外界に変化を起こせる。たとえばある場所に行きたいと念じれば、瞬時にその場所に行ける（ただし実際のテクニックとしては、「ある場所よ、来い」と念じたほうが成功率は高い）。

これはある意味、時間を超越した現象と言えるかもしれない。だから幽界は四次元的とも言える。三・五次元と言った人もいるがよい表現だと思う。幽界は四次元的でもあるし三次元的でもある。

物質界では不可能なことも幽界では可能だ。「変身したい」というのもありだ。自分の幽体の姿を着せ替えることもできる。「車に乗りたい」と念じれば車も出現するだろう。生き物やアイドルを出現させることも可能だ。無意味なことが多いが、幽霊のように壁をすり抜けることもできる。ただし近くにドアがあるなら、それを使うほうがずっと簡単だ。

道具を使わずに空が飛べるのも幽界ならではの特徴だ。これも空を飛びたいと念じれば飛べる。飛べることも不思議だが、もっと不思議なのは引力が働いていることだ。飛んでいる最中、ずっと飛ぼうという意思を働かせている必要があり、気を抜くとふわふわとゆっくり地面に落下する。引力は自分の心とは無関係に働いているようだ。

幽界では心に念じるとそれが現実となるわけだが、引力の話のように自由にならない法則も働いている。行く手を遮る物理的な障壁も存在している。念じればなんでも叶うわけではない。

強く念じてなければうまくいかないことが多い。どうでもいいと思っていることには幽界はあまり反応しない。壁抜けよりドアを使ったほうが簡単というのも、念じるよりそのほうが楽だからだ。

空想と幽体離脱は違う

ある種の瞑想会では主催者が瞑想誘導を行い、参加者は誘導にしたがい共通のイメージを強く心に思い描く。そして異世界へ向けて想像の翼を広げる。想像の中で自分を導いてくれるという人と出会い助言を得たりする。そしてこの瞑想会での体験も幽体離脱と呼ばれることがあるらしい。このような瞑想会が無意味だとは思わないが本書の幽体離脱とは別のことだ。これだと「赤毛のアン」が空想に没入して、泣いたり笑ったり想像のお友達と遊んでいるのとかわらない。

とはいえ幽体離脱するための訓練は空想するところから始まる。やがてそれは決定的な転換点を迎え現実となる時が来る。その瞬間を初めて経験するとき、かなり異常な事態が起きるので大きな恐怖心と向き合うことになるだろう。それを乗り越えた先に幽体離脱はある。その先にある幽界は、空想ほどには自由にはならない超自然的な法則が働いている。

本当の幽体離脱を生まれて初めて経験したなら、かなりの超常体験として衝撃を受けると思う。個人経験なので、それをどう評するかは経験者によって違うと表面的には言えるが、そうは言ってもやはり空想や普通の夢とはわけが違う。小さな子供はともかく大人がそれを知ればかなり驚くはずだ。

夢と幽体離脱は違う

睡眠中に見る普通の夢でも、三次元の広がりをもった世界で色々な場所に行き、色々な人物と会話を交わしたりする。経験内容を文章化したとき断り書きがなければ、それが幽体離脱なのか、普通の夢なのか、自覚夢なのか、ただの空想なのか、あまり区別がつかなくなるものだ。

肉体から幽体が離れているとき肉体は寝ているので、幽体離脱を未経験の人は夢となにが違うのか疑問に思うかもしれない。両者の決定的な違いは、夢を見ているときはその自覚がないということだ。

文字どおり無我夢中で夢を見ていることに気づいておらず、見聞きするもの知覚するもの、なんでも信じてしまったりする。幽体離脱は自分が体脱中であることを理解しているし自分の意思で行動ができる。

自覚夢（明晰夢）という夢がある。これは夢の中で自分が夢を見ていることに気づいた夢だ。普通の夢の中では、自分の体を見ることは少ないと言われるが、自覚を取り戻せば自分の体を見ることも可能だろう。これは幽体離脱とかなり似ているが違いもある。

幽体離脱は本人がそれを始めて帰ってくるまで意識が連続している。自覚夢は眠りに落ちるとき意識が断絶し、夢を見始めたときに自覚を取り戻す。肉体から自分が抜け出す感覚もないことが多い。この違いは意外と大きい。

幽体離脱は事前に幽界に行ったら何を行うかを決めて事に臨むことができる。自覚夢は意識が断絶したときに、最初の目標を忘れてしまいやすい。また、自覚夢の報告と幽体離脱の報告、双方を比較すると、自覚夢は荒唐無稽度が高いように私は感じる。自覚のないただリアルなだけの夢を自覚夢と呼んでいる可能性もあるかもしれない。

しかし夢で見る空間と幽体離脱で行く空間はどちらも幽界だと思う（違う可能性も否定はしない）。ただし本人の意識状態が異なっている。自覚の有無はとても大きな違いだ。

普段は夢として見ている世界に目覚めたまま入っていくのだと考えれば、「戻れなくなるかも」という不安も払拭されてきたのではなかろうか。

身体的な危険性も少しはある

幽体離脱は眠りと覚醒の狭間で起きる。そして離脱する直前に金縛りが起きることがある。思春期に金縛りを経験する人が多いと言われるが読者はどうだろうか。

そのとき全身に感電したようなビリビリした振動が走り、声を出すことも体を動かすこともできない。大きな耳鳴りや人の話し声なども聞こえたりする。心臓もバクバクと早鐘を打つ。症状は人により差はあるが、恐ろしくてパニックになった話は怪談としてはありふれたものだ。幽体離脱でも同じことが起きやすい。生まれて初めての幽体離脱は、多くの人々にとって恐ろしい体験だろう。

金縛りはほとんどの場合、危険なものではないが、心臓に深刻な病気をもっている人は注意が必要だろう。そういう人は本書の幽体離脱法を試みるべきではない。幽体離脱にはある程度の健康な肉体が必要だ。

偶然に金縛りを経験した人は大勢いるが、そこから幽体離脱した人は少ない。つまり金縛りだけではまだ足りない要因がある。

また金縛りは体脱法の初心者の段階で起きることで、心臓への負担も恐怖が主な原因になっている。熟達するにつれ恐怖も消え、動悸が速くなることも金縛りを感じることも減っていく。金縛りを味わう間もなく体脱してしまう。

幽体離脱に実用性はほとんどない

幽界に行くのは生々しい体験だし、おもしろいことをたくさん経験できる。しかし幽界の様子をカメラに収めてくることはできないし、友達と一緒に離脱して同じ体験を共有することもできない。物質界の特定の場所を偵察するといった、幽界から物質次元にアクセスすることもできない。

万に一つくらいの例外が報告されることはあるが、まれな例外はそんなことがほとんど起きはしないことの証明だ。もしもそれらが確実にできるとなれば世の中は大混乱になるに違いない。

その経験がどんなにリアリティあふれるものであっても、個人の内的な経験にすぎない。幽界から持ち帰ることができるのは経験の記憶だけだ。最後は必ず夢オチになる。そういう経験についてあなたはどう思うだろうか。

不思議の国に行く物語はたくさんある。そしてその多くの作品では、その経験の証しとして主人公はささやかな記念品を持ち帰る。「あれは夢ではなかったのだ」と証明するアイテムを。幽体離脱にそれはない。

「千と千尋の神隠し」というアニメ映画では、主人公は不思議の町に行き非日常的な様々な経験をするが、経験の証しとなる記念品は何も残らなかった。経験の記憶だけが残った(とはいえ彼女は精神的に成長したのかもしれない)。

幽体離脱をすれば不思議の国に行くこともできるし、竜に乗ることだってできるだろう。あなたが「夢落ちでもかまわないから非日常的な経験をしたい」と望んでいるなら、幽体離脱は期待を裏切らないだろう。地上的な実利を求めて行うならがっかりするかもしれない。

以上、夢オチを強調したが、かなりまれではあるが幽体離脱には例外が起きることも事実だ。物質世界にアクセスしたとしか思えないようなことが起きることがある。あるのだが普通は一生に数えるほどしか起きないものだろう。

強固なヴィジョンは物質化する

幽界は物質界とは異なる空間だが、双方は無関係というわけではない。物質界と幽界に人間は同時に存在しているが、肉体に収まっているうちは物質界のリアリティに圧倒されそのことを忘れている。

幽界は念じ想うことで変化するので精神が反映する世界だと言える。古来より信じられていることだが、人が強く心に夢を描けば、それはやがて現実になるという信仰がある。「夢を捨てるな。あきらめるな。夢はいつか叶う」。それを繰り返し訴えかけている遊園地もある。

たとえば自分の家を建てたいと思ったとする。それはまずイメージを心に描くところから始まる。外観や間取りや内装などを想像する。それはやがてスケッチとして紙に実体化し、さらに正確なサイズが書き込まれ設計図となり模型も作られるだろう。これだって心の中のものが物質世界に実体化したことには違いない。そして多くの人々が働き、やがて本物の家ができあがる。家を建てたいという意志とそのヴィジョンが最初になければ家が建つことはありえない。

幽体離脱体験は自分の想念が様々な物体を出現させ、自らを取り巻く幽界の環境を変化させる力があることを現実のこととして見せてくれる。

幽体離脱と空想することは違うと述べたが、幽界での願望実現を可能にしているのは、想像力や念じる力に他ならない。幽体離脱をしなくても、強いヴィジョンを抱くことは、幽界にそれを反映させ、しかもそれはやがて物質界に結晶化してくると信じられてきた。それはいきなり空中から物品が出現するような超常現象としてではなく、家が建つのと同様、当たり前のプロセスを経て実現（結晶化）するということだ。

ヴィジョンが物質界の現実を書き換えるわけだが、ヴィジョンを抱いた人の行動もまた、そのヴィジョンによって駆り立てられ、夢を実現させるのにふさわしい人生を送ることになるということで、「想像さえしていればあとは自動的に」というわけではない。

ところでヴィジョンを描くことに実効性があることを知る典型例の一つとして、幽体離脱の技法があげられる。それは自分とそっくりの人形が、空中に浮かんでいる様子を想像することから始まる。来るべき体脱したときのヴィジョンを先に作る。毎日それを反復することでヴィジョンは強化されていき、やがてそれは現実となる。常人には不可能と思われていた離れ業すら実現させるのだ。

幽界は鏡の世界？

幽界に行くと様々なものを見ることになるが、それらはみな映し出された立体映像のようなものだ。ただしそれらに触れることも壊したりもできる。ものを食べれば味もする。もしただの立体映像なら、映し出された物品に手を伸ばしてもすり抜けてしまうだろう。

だから立体映像というより、バーチャルリアリティ（仮想現実）と言ったほうが適切だ。私はこのように五感すべてを含む立体映像のことを幻像と呼ぶ。哲学的には「表象」と呼ぶべきだが、この言葉は抽象すぎて仮想現実のニュアンスが十分に伝わらないことを懸念し別名を与えた。

幽界は古来より鏡の世界と言われる。鏡とは光を反射することで、その平面に様々なものを映し出す物体だが、鏡自体は光を反射する無垢の平面にすぎない。幽界という鏡は幻像を映し出す立体鏡と見なせる。

ではその立体鏡は何を映し出しているのかだが、それは「自分の心が映し出される」と言われてきた。幽界では自分が念じたものが出現したり、自分の部屋とそっくりの部屋が出現したりする。自分が記憶している様々なものが、精密な姿で再生される場所のように思える。

しかし幽界で自室を見て、物質界の部屋とは違うところがあることに気づくことがある。記憶の再現であれば、差異に気づくことなどありえないはずで、そんなに単純な話ではないらしい。また自分が出現させたいと思ったものだけが映るわけではなく、まったく憶えのないものに出くわすことも多い。むしろほとんどがそういうものだ。

自分の記憶すべてにアクセスできる人はいない。自覚の及ばない無意識の領域の記憶も存在する。無意識の領域では他者と共有されている記憶もある。町の記憶や民族の記憶、地球の記憶といくつも層がある。そういうものも映し出される。臨死体験でよく報告される、三途の川やお花畑などもそれらのうちの一つだろう。その記憶は個人の枠を超えているので多数の人が目撃する。

幽界は死後の世界の一部という可能性もあるような気はする。生きている間はそれを夢として知覚している。眠りは人間にとってもっとも死に近い状態だ。

正しく練習できない人間の習性

本書のやり方をよく読み忠実に練習してほしい。これは案外難しいことだ。訓練は難しいものではないが、そういう問題ではない。「人間はこうしろと言われると別のことを始めてしまう習性をもっている」のだ。素直に実行できる人は意外と少ない。

他人からアドバイスを受け、そのとおりにしなかったことや、ナナメにそれた行動を取ったことが誰でも少なからずあるのではあるまいか。ある本を薦められたが類似の別の本を買ってしまったとか。道具も然り。

それから他の書物で仕入れた別の方法を付け加えないでほしい。この点、前著では強調しなかったが、他のやり方を併用したことで、かえってうまくいかないということも多々見受けられる。「いつまでたってもできない」という人の話を詳しく聞いてみると、だいたいは何か別の方法を併用していることが多い。それをやめるように言うと、そのあとですぐに成功したと報告してくるのだ。

幽体離脱が曲がりなりにもできるようになった後で、他のやり方を試してみるのはかまわない。

また本書のやり方を忠実に一年以上続けても成功しないときは、他の方法に乗り換えるのもよいと思う。短気に次々とやり方を変える人は成功しにくい。同じやり方を愚直に繰り返す人のほうが成功率は高い。

ヨガや気功など長年本書の訓練と似たものを続けていて、自分の判断で加減がわかると自信のある人については、各自の判断におまかせしたい。

幽体離脱が可能だということを信じよう

幽体離脱は信仰とは無関係に起きる現象だ。神仏や死後の生や来世の生命を信じていようがいまいが、無神論者であろうが、本書のメソッドを根気強く続ければ、誰でも幽体離脱はできる。それは純粋に心身を統御する技術の問題にすぎない。

ただし幽体離脱という現象が、実際に起きるうるものだということは信じて訓練に臨むべきだ。どんなお稽古事もそうではあるまいか。楽器の練習もいつか上手に演奏できるようになるはずだと信じて練習するものだろう。

楽器なら上手に演奏する人を見ればわかるが、幽体離脱は他人の目からは見えない。そういう現象が起きること自体が疑わしく思えてしまうかもしれない。上達過程にいたっては、他人はおろか本人にもよくわからないものだったりする。

幽体離脱に限らず、それがどのような類いのものであれ、未知を乗り越えるためには信じる勇気がいるものだ。幽体離脱はその典型かもしれない。懐疑だけでは超えられない。

体脱成功までに必要な訓練期間はどれくらいか

成功までに必要な練習時間は個人差がとても大きい。一日で成功してしまう人もいるし数年かかる人もいる。見てきた限りでは一年以内という例が多い。それ以上になるとあきらめてしまう人が増える。

私の場合は約三カ月だったが、幽体離脱の練習の他にも瞑想のトレーニングも含め、毎日一時間くらいの練習量だった。

しかし一度成功しても、能力が安定するまでしばらく時間がかかる。幽界での行動に慣れる必要もある。

すぐに成功してしまった人はそのあとすぐに興味を失ってしまうことが多いようだ。それだと深い経験には結びつかないまま終わってしまう。できるようになった後でどんな経験をするかのほうが重要だ。

普通のお稽古事は年単位で訓練を続けられても、幽体離脱の訓練はつかみどころに乏しいためか継続の難しさがある。本書ではそれを踏まえ、無理なく継続できるように訓練コースを組み立ててある。忠実に訓練すれば必ず幽体離脱できるが、真の価値はそこに至るまでの過程にある。幽体離脱することなど足下にも及ばない宝を発見するだろう。

第2章

光体法

……離脱を引き起こす魔法の儀式

光体法は幽体離脱を引き起こす魔法の儀式

幽体離脱の方法はとても簡単だ。眠りに入る前に心理的なある儀式を行う。それは上空に自分とそっくりの人形を想像し、次に自分自身がその人形に乗り移った様子を想像する。この人形のことを「光体」と言う。このとき上空から見下ろしているのだから、眼下に横たわっている肉体が見える様を想像する。この儀式を行ったあと眠りにつくと幽体離脱が起きる。

ただしこの儀式が功を奏するためには、強いイメージ形成能力があるとか、肉体が十分にリラックスしていることとか、恐怖心がないこととか、心身ともに適切な条件が整っている必要がある。それらの条件は本書の様々な訓練を行うことで整えることができる。

視覚化という重妄想で光体を作る

光体の姿を心の視野に想像するわけだが、これは単純にイメージを想起するのとは違う。光体はまず立体物としてイメージする。たとえ想像の世界であっても、体の正面と背面を同時に見ることには無理があるから、光体の向きを変えながら、隅々にまで注意を向けてイメージを固める。

また光体が身にまとっている衣装の質感とか、存在感のようなものも含めて再現する。光体が香水をつけているならその香りも、装飾品をまとっているのなら、光体の向きを変えたとき、それが音を立てることもあるだろう。そのようなささやかな五感情報もできるかぎり心の中に再現するように努める。

その次に光体に乗り移り、そこから自分の肉体を見下ろす光景も視覚化するのだから、室内の様子とか宙に浮いている自分の様子なども想像で補いながらできるだけリアルに再現するように努める。このようなリアルな想像を重妄想……もとい、視覚化と呼ぶ。

精密なヴィジョンはどうすれば打ち立てることができるかというと、どれだけ細部までその物体の詳細を知っているかだ。実在しないものを視覚化するときは、どれだけ細部まで対象物の設定を用意しているかだ。

このような能力は、自分で設計図を描いて工作を行う人は優れているものだ。正面、背面、左右の側面、上面、底面、その他の全方位から見た形をイメージし、パーツの組み合わせ構造を考え、サイズを決め、図面を描く。そしてそれをもとに実際に作る。素材を切り削り、穴を開け、組み立て、磨き、塗装する。こういう楽しくも厳しい作業を通じて作品が生まれてくるが、そのとき製作者の心の中には、最初のイメージよりはるかに精密なイメージが形成されている。上位が下位を決定するのでもなく、下位が上位を決定するのでもない。双方の呼吸から強固なヴィジョンと物質化した作品が生まれるのだ。

一枚の絵よりもフィギュア人形、フィギュア人形より等身大人形、等身大人形よりコスプレ……とやっていけば、光体のイメージは大変強固なものになることは間違いない。しかしそこまでする人はまずいないだろうし私もやったことはないが、視覚化が苦手だと思う人はこれを参考に工夫してみるとよいと思う。

意識の重心…あなたは今どこにいるのか

「あなたは今どこにいますか」と問われたら「ここにいる」と答えるだろう。隣の部屋にいたりはしない。肉体と同じ場所にいるはずだ。人は、自分が存在する場所を漠然と感じている。

眠るときにいつもとは反対の方向に頭を向けて横になってみてほしい。目を閉じていて寝具もいつもと変わりないのに、なにか違和感があるものだ。どんな情報をもとに自分のいる場所を知覚しているのか正確にはわからないが、体の向きが変わったことによる微妙な差異を感じることができる。

では「ここにいる」ことはよしとして、もっと正確にその場所を特定してみよう。肉体のどのあたりでそれを感じているだろうか。普通は頭、のど、胸、腹、丹田など体の正中線上のどこかにそれがある。男性は頭や眉間の奥、女性は胸で自分の存在を感じていることが多いが、性別で決まっているわけではない。また足やシリに自分がいると感じるといった人も見たことはない。

自分の存在を知覚する場所を「意識の重心」と呼ぶ。意識の重心は位置であって、形あるものではなく、視覚的なイメージでとらえるものではない。

自分が肉体上のどの場所で、自分の存在を感じているかをはっきりさせておこう。よくわからなければ静かに坐り目を閉じて「私」という言葉を心の中で繰り返し唱えて、身体上のどこでそれが響いているか、どこで「私」を感じるか確認してみよう。しかしどうしてもわからないなら漠然と上半身にあると思っておけばよいと思う。

それから極まれに「肉体を超えて頭上にいる」とか、「どこにもいない」という人がいる。そういう人々はそうなった日とその理由を知っているものだ。一時的にそうなっている場合と、恒常化している人がいるが、恒常化している場合は本書の対象外の人々で、彼らにとって本書は釈迦に説法というものだ。

光体は眠りによる気絶を免れるための避難所

光体は幽体とは別のもので、幽体が光体に乗り移って幽界を旅行するわけではない。睡眠に入ると肉体と幽体の結合が外れる。それなら誰でも眠るときに幽体離脱していることになるが、誰もそんなことは覚えていない。

肉体と幽体がぴったり重なった状態で眠りに入っても、幽体離脱体験として知られている特殊な状態は生じず、そのまま気絶してしまう。そしてやがて普通の夢を見る。幽体離脱を引き起こすには一工夫必要だ。

光体法では光体を視覚化し、それに乗り移る様を想像し、光体の位置に自分がいる様をありありと想像する。離れた場所にある光体に心理的になりきるように努める。これによって意識の重心（自分の存在感）を移動させることができ、その状態を短時間ながら維持できる。

そして眠りにつくと肉体と幽体のロックが外れ、幽体は光体のほうに引き寄せられ幽体離脱が起きる。

光体のことを「自分とそっくりの人形」と説明したが、実際には他の形でもかまわない。自分とは異性の人形でもよいし、動物とか球体とかプラトン立体とかでも問題はないと思う。

しかし自分の体は自分が一番よく知っているものなので視覚化もたやすいし、人の形をしていると自分の存在感をあますところなく移入しやすい。

それから光体は意識の重心を一時的に保管する入れ物であって、別人格を入れるものではないことに注意してほしい。光体は空想のお友達ではない。

光体を視覚化するとき、それに特徴的な衣装をまとわせて、自分の肉体と差別化を図る。たとえばアニメのキャラクターはたいがい目立つ記号をまとっている。特徴的な髪型、単純に色分けされた衣装、特徴的な装飾具やアイテムなど。絵心がない人でもそれらさえ押さえて描けば、一応「あのキャラだな」とわかるものになる。

光体のデザインも姿を際立たせる特徴を多数盛り込んであるほうが視覚化しやすくなる。全裸を想像するよりずっと簡単なはずだ。光体は立体物として想像するので、コスプレするような感覚でデザインすればよいだろう。

そして一度光体のデザインを決めたら、それ以降変更しないほうがよい。同じデザインを何度も視覚化し続けるほうが容易だし、反復によりその像は強固なものになり光体法も安定する。

魔法の儀式にはふさわしい「時」がある

幽体離脱は眠りに落ちる直前に起きる。だから練習は夜眠りにつくときがよいだろう。まったく眠くないときに試みてもあまりうまくいかない。また眠すぎるときも失敗しやすい。失敗するとそのまま寝落ちしてしまう。適度な睡眠圧が必要だ。

一番よいと思えるのは、一晩寝て少し早めに起き、しばらく目を覚まし、そこから試みることだ。肉体の疲労は回復したけれど、まだ寝ようと思えば眠れるという状態がちょうどよい。しかしこの方法でも失敗することは多々あるし、寝てしまうと学校や会社に遅刻するはめになりやすい。

幽体離脱に成功した日から二日目くらいまでは成功しやすい。環境的にも身体的にも条件が整っているらしい。

一年の間にも体脱しやすい時期とそうでない時期の波がある。春が一番よくその次は秋だ。冬は離脱しにくい。夏はまあまあ。

天候ではからっと晴れた日がよく雨や曇りの日は難しい。

昔から幽体は月の満ち欠けの影響を強く受けると言われる。満月の前後三日程度がよく新月と満月は難しい。満月もうまくいきそうに思うのだが、なぜかあまりうまくいかない。上弦の月から下弦の月までの期間は光体法に重点を置き、残りの期間は瞑想法（第5章）や周天法（第8章）に重点を置くのがよいだろう。

その他の天象では日蝕の三日ほど前から当日にかけては有利だ。目撃できる日蝕である必要はなく、外国で起きる日蝕でも影響を期待できる。

ただし日蝕のときの体脱は、経験的には不穏な気配漂う怖いものになる。異形の化け物を見てみたい人にはおすすめだが、そういう存在と接触するとまず確実に心身ともにダメージをくらう。調子を崩して寝込んだり心理的に不安定になったりする（なにを好きこのんでそんな体験をしたいのかと思うかもしれないが、物好きは少なからずいるものだ）。

昔から日蝕は凶兆とされていて、象徴的には魔界との通路が開くときだ。月食は日蝕ほどの影響はないように感じる。

魔法の儀式にはふさわしい「環境」がある

幽体離脱は肉体から幽体を引き離すわけだが、そのためには肉体からの刺激が最小限になるようにすることが望ましい。幽体と肉体がしっかり結合しているから肉体を動かすことができる。幽体離脱をするためには、肉体のどこかに痛みや不快感があり緊張が残っていると、その感覚に引きずられ離脱に失敗することが多い。幽体の脚は肉体から剝離したのに、上半身は外れないというようなことが起きる。痛みだけではなく暑さや寒さ、騒音なども離脱の邪魔になりやすい。

だから痛みのない健康な体と、静かで落ち着ける部屋、快適な寝具があると理想的だ。肉体をしめつけないゆったりした服装で臨もう。装着感が不快なものでなければ、耳栓やアイマスクなども役に立つ。

それから体脱時に邪魔が入ることがよく起きる。電話がかかってくる、同居人が部屋に入ってくる、ペットの猫が騒ぎ出すといった邪魔が入りやすい。こういうことが起きると簡単に引き戻されてしまうので事前に対策しておこう。特に猫はかなり敏感なようだ。

体脱のために光体をセットアップする

まず幽体離脱したら何をするか目標を決める。目標は一つだけにする。体脱してその目標を達成できたらあとは自由に楽しもう。

布団に入り仰向けに寝る。落ち着くように深呼吸しよう。そして頭のてっぺんからつま先まで順番に注意を向けていき、力の入っている部位を見つけたら意識的に力を抜く。これは弛緩法として後の章にまとめてあるが、最初は神経質にならずにゆったりくつろぐところから始めればいい。

次に天井付近に光体が向き合って浮かんでいる様を視覚化する（図2－1）。このとき天井や周囲の壁などの景色も含めて視覚化する。真っ暗闇の中に光体だけが浮かんでいる構図だと、自分と光体の位置関係が把握しづらくなるからだ。

天井に浮かんでいる光体を想像したら、次はその人形と布団の中の自分の位置を入れ替える。自分が部屋の天井付近に浮かんでいて、布団の中の肉体を見下ろしている様を周囲の景色を含めて視覚化する。

図 2-1

できるだけありありと視覚化できたほうがよいが、どちらかといえばイメージの完成度よりも、肉体から離れた位置に自分がいるという実感を保ち続けることを重視したほうがよい。自分は布団の中にいるのではなく、天井側にいると感じられるように努力する。はじめはぼんやりとしか視覚化できないかもしれない。一瞬なら天井付近にいるような気になれても、すぐに布団の中にいるように感じてしまうかもしれない。だいたいはそんなものだ。毎日繰り返していれば、少しずつ上達する。

この作業を十分から三十分間くらい続ける。その間、寝てしまわないように注意。眠りに落ちそうなときは、手の平を開いたり握ったりして指先の感覚に意識を向けるとよい。最後に決めた目標をもう一度自覚しよう。

以上の作業が終わったら余計なことを考えず空想や妄想に耽ることなくすぐに寝てしまう。もっと正確に言うなら無念無想の瞑想状態を続ける。意識のレベルは睡眠に近づくが眠ってはいない状態だ。これは小手先のテクニックでは解決できないもので、瞑想に慣れるくらいしか方法はないと思う。深い瞑想の意識に慣れることで、普通の人なら簡単に寝落ちしてしまうところで、意識を保っていることができる。

光体のセットアップが終わったら体の姿勢を変えてはいけない。変えると儀式の効能が薄れる。肉体の感覚を蘇らせるような行為は一切しないようにする。指先一本動かすべきではない。顔がかゆくなったりすることもあるが、それはもっと前の段階で解決しておこう。長時間同じ姿勢を維持する必要があるが、それは弛緩法に上達するとか、ヨガなどで柔軟な体を作るとか、ストレスの少ない寝具を使うことなどによって達成できる。

無念無想を保つことと、肉体を完全に脱力させて体を動かさないことは、極めていこうとするととても奥深いことだが、初心者には体を動かさず速やかに眠ることをお勧めしたい。光体法のセットアップが終わるころちょうど眠たくなっているように、タイミングを見計らって儀式に臨もう。

以上の光体法のセットアップがうまくいっていれば、眠りに落ちるちょっと手前で異変が起きる。眠りに落ちるかわりに幽体離脱のプロセスが始まる。

幽体離脱…幽体の剝がし方にはコツがある

自分は静寂の中にいる。次に耳鳴りが聞こえてくるかもしれない。耳鳴りはだんだん高周波かつ大きな音になる。「キーン」とか「ギュイイーン」といった音だが、異なる音を聞く人もいる。このとき鼓膜が内側から空気で押されるような圧迫感が生じることもある。ここで金縛りが起きることが多い。手足の筋肉が硬直し、電気刺激のようなビリビリした振動を感じるだろう。手足を動かそうとしても動かないし、声も出せなかったりする。ちょっと／かなり怖い経験かもしれない。

このビリビリする振動は肉体の感覚神経が幽体と遮断され幽体の感覚が優位になるときの兆候で、麻酔にかかったように肉体の感覚が麻痺する。そして今度は幽体の感覚（主に触覚や身体動作の感覚）が残っていることに気づく。これにより幽界でも肉体同様の行動ができる。もし肉体が十分に弛緩していたなら、ほとんど痺れを感じることはない。最初から肉体感覚は麻痺しているようなものだからだ。

初めてこのプロセスを経験すると、心臓がバクバクと早鐘を打つ。だいたいそれは恐怖心が主な原因だ。ここで冷静さを保てないと決して離脱はできない。ビビってパニックを起こしてしまうことが多いが落ち着いてほしい。この状況は三十秒も続かないはずだ。また何度か経験を積むうちに、これらの症状はおだやかになっていき、最終的にはまったくストレスなく離脱できるようになるだろう。

体を動かさず、特に目を開けようとせず、流れに身をまかせて金縛りにも一切抵抗しないようにする。やがて耳鳴りは小さくなって消える。そして自分の体全体が勝手に浮き上がるとか、肉体から自分（幽体の位置）が少しずれたりしたような感覚がする。つまり幽体が光体に引き寄せられ二体の座標がずれたわけだ。

こうなればしめたもので、自分の手足を動かしてもかまわない。すでに自分は肉体から離れ、幽体の自分になっている。手足を動かしても幽体の手足が動き肉体は動かない。このときすでに自分は幽界にいる。だが決して目を開けようとしてはいけない。体はすでに幽体離脱状態だが目はまだ離脱していない。幽体の視覚は肉体から最後に剝離する。

もし片脚や片腕など一部だけが肉体から剝離し、残りが外れないときは焦らずに、剝離した部分に注意を向け、それが浮遊していることを感覚的に観察し、自分で動かせるかどうか試してみよう。

焦って寝返りを打つなどして、一気にひっぺがそうとしてはいけない。落ち着いてしばらく様子を見ていればやがて全身が外れる。こういう事態は、全身の弛緩が十分でないときに起きる。たとえば右足首の上に左足首を重ねるような姿勢で寝ていたとか、なにか強い圧迫が残っているときに多い。全身がくまなく弛緩していることはとても重要だ。

目は閉じたままできるだけ肉体から遠ざかる。手探りで自分の部屋や家から出ていけばよい。ドアや窓を開けて外に出ていくことになると思うが、実はこれは無自覚に普段の身体動作を再現しようとしているから、それが都合よく感じるだけのようにも思える。可能であれば部屋の間取りのことなど無視して、ただひたすらまっすぐ肉体から遠ざかるのでもかまわない。このとき、もし行きたい場所があるなら、その場所の光景を強く心に思い浮かべるとよい。

肉体と幽体の間に、距離が存在するというのは確かなことだと思う。幽界で見る肉体が本当の肉体であることはないはずなのだが、離脱した幽体が帰るべき場所を指し示していることには違いない（余談だが自分が離脱しているうちに、他者に肉体を乗っ取られるのではないかという心配は不要だと思う。今のところ私はそのような経験はないし、誰かから聞いたこともない）。

十分に肉体から遠ざかれば目は自動的に見えるようになる。そうなるまで待つことだ。暗闇の中から外界の光景が立ち現れる。目を開けると離脱は中断され肉体側で目を覚ますことになる。

肉体から距離をとるとき、肉体と幽体となった自分との間には引力が働いている。肉体が強い力で自分を引っ張り戻そうとしていると感じるだろう。引っ張る力には全力で抵抗する。最初は強い力だが距離が離れるにつれ急速に引力は弱くなるという性質がある。

幽界探検…これができれば大成功

幽界でどんな光景が広がっているかはそのとき次第だが、幽体は誰しもがまとっている。ここでとても大切な儀式をする必要がある。それは「自分の両手の手の平を見ること」だ。

いつもと変わらぬ、普通の手が見えるかもしれないし、何か文字が書かれていたり、指輪がついていたりすることもある。とにかく手を見ることだ。

もし手を見ることを忘れてしまったなら、その幽体離脱はまだ十分なレベルに達していない。まだ成功とは見なさないほうがよい。ここは自分に厳しくしておこう。

これは離脱前の意志を幽界に持ち込む儀式と見なせる。事前に決めておいたことを、離脱後実行できるのが幽体離脱の特徴だ。その意味では、手を見ることに限らずあらかじめ決めておいたことを実行しようとしたのならそれでかまわない。離脱前の意志が継続しているかどうかが判定基準だ。

離脱したあと肉体から来る刺激は微弱になり、幽体そのものの感覚が優勢になる。幽界の物に触れればその感触を手に抱く。視界に入ってくるのは幽界の光景だ。このとき肉体に注意を向ければその感覚が蘇ってくる。特に呼吸する感覚は、幽界にいても肉体のそれと同期していることに気づくだろう。

肉体に注意を向けるとあっという間に引き戻されてしまうことが多いので、離脱している間は肉体のことは忘れているに限る。しかしあまりに鮮明で実生活と区別のつかないリアリティを前にすると「本当に離脱中なのだろうか」という疑問が頭をよぎる。このような思考の流れも即座に振り払うほうが望ましい。このようなとき、実は離脱中ではなかったということは私の経験上まだ一度もないからまず心配はいらないと思う。

肉体への帰還…経験を台無しにしないために

肉体に戻りたくなったら、戻りたいと思えばすぐに肉体に戻ってくることができる。離脱するのはかなり難しいのに、肉体への帰還は極端に簡単だ。

また最初はあまり長時間離脱していられないことが多く、戻りたくなくても引き戻されてしまうことも多い。重力につかまった隕石が、地球に落下するように肉体に引き戻される。離れるときの引力は逆に、肉体に近づくほど急速にそれは強くなる。

可能であればまず肉体がある部屋まで戻り、ゆっくり肉体に合体するのが理想的だが、現実的には難しいことが多いだろう。しかし急速な帰還は経験中の記憶が壊れやすい。

肉体に戻り意識が覚醒するにつれて肉体の感覚が蘇ってくる。いきなり体を動かさないように注意してほしい。特に頭を動かすと記憶を壊しやすい。この点、夢の記憶にも同じことが言える。

姿勢はそのままに、経験した内容を逆向きに想起するなどして整理する。体脱中はつじつまが合っていたことも、いざ言語化しようとするとうまくいかないこともある。意識のモードが幽界と物質界では違っていて、物質界の現実に収まりきらない情報というものもある。幽体脳と肉体脳のキャパシティの違いと言えるかもしれない。

小さな声で整理した内容をつぶやいてみるのもよいかもしれない。頭の中で考えているのと、しゃべるのとでは事情が違うものだ。自分はすでに目覚めていると思っていても、頭はまだ十分に日常意識に接地していない。

ＩＣレコーダで録音しておくのもよい方法だ。たとえ断片的ではあっても、思い出した事柄を吹き込んでおけば、後からそれをキーワードにして芋づる式に記憶を再現できる。

記憶の整理ができたら身体感覚をしっかりと蘇らせよう。両手を力いっぱい開き、次に力いっぱいこぶしを握る。開いたとき指先の感覚に意識を向ける。横になった姿勢のまま、カカトを突き出し力いっぱい背伸びしたのち起き上がる。

起き上がったらすぐにノートに記録を取ろう。決してチラシの裏なんかに書いてはいけない。記録は長年ためるほど価値あるものになっていく。言葉だけではなく絵を残しておいてもよい。日付と時間、天候も書いておく。夢の記憶と同様、幽体離脱の記憶も風化しやすい。しかし詳細な記録を残しておくと何年たってもそのときの様子を鮮明に思い出せるものだ。

最後にお茶を飲むとか食事をするなどして胃にものを入れると意識は完全に物質界に接地する。

あきらめたらそこで終了ですよ

これで光体法の最初の手ほどきが終わった。今晩やってみよう。しかし実際にやってみても、なかなか成功しないかもしれない。自転車乗りや鉄棒の逆上がりと同様に、頭でやり方がわかっただけでは体がついてこないものだ。しかし最初から自転車乗りや逆上がりが苦もなくできてしまう人もいる。必要なバランス感覚や筋力を最初からもっている人々が少数ながらいる。それと同様に最初から幽体離脱しやすい条件を備えている人もいる。

今晩ここに書いた方法を試してみて離脱に成功しなくても心配するには及ばない。光体法を成功に導くための、たくさんの基礎訓練とそれらの応用法があるのだ。

どれでも好きなものから始めてよい。ただし、あるメソッドをマスターしてからでないととりかかれないメソッドもある。光体法はこれから説明する、様々なメソッドの集大成なのだ。

第3章
弛緩法
…力が入っている全身の筋肉を意識的に緩める

全力で脱力したことはあるかな？

弛緩法《しかんほう》とは自分自身の筋肉を隅々まで自己観察して、力が入っている筋肉を意識的に緩めることだ。

光体法で意識の重心を肉体から離しておいても離脱できないことがある。それは筋肉に力がたくさん残っていて緊張している場合だ。それを意識的に緩めてやる必要がある。弛緩法は簡単だが奥が深い。毎日練習を続けるにつれて、それまで気づかなかった小さな身体のこわばりに気づくようになる。初期のころは鈍感で気づかずにいるだけだ。

光体法と弛緩法を覚えたら、しばらくの期間この二つを続けてみてほしい。布団に入ったら弛緩法を行い、次に光体法をする。面倒なときはどちらか一つでもかまわない。どちらかといえば弛緩法を優先したほうがよい。眠る前の弛緩法は疲れを取り快適な睡眠をもたらしてくれるので健康法としてもよいものだ。

本章では仰向けに寝た姿勢（仰臥位《ぎょうがい》）での弛緩法を解説するが、第5章の瞑想法では坐った姿勢で弛緩法を行う。

坐った姿勢でもし完全に脱力したら普通は倒れてしまう。だから最低限の力は残しておくことになるが、やり方は仰臥位での場合と同じだ。仰臥位で弛緩法ができるようになれば、坐ったときも簡単にそれができるようになる。

力は幽体と肉体の結合から生まれる

幽体から見たとき肉体は影のように付き従う存在で、幽体が力を入れると肉体も力を入れる、力を抜けば肉体も力を抜く。これが原則だが肉体も幽体も生き物であることには違いなくそれぞれが自立性を有している。

肉体は動物的な体、幽体は人間的な体と考えられる。比喩では馬（肉体）と騎手（幽体・自分）と見なすこともできる。騎手のコントロールを馬は学習していく。やがて馬は騎手の意のままに動くようになる。二つの体が合体していることを意識することもなく、幼児のころからそれを続けてきた結果、私たちは肉体を意のままに操れる。

野生動物には筋肉のこわばりというものがまったくない。動きに一切の無駄がなく、まるで精巧な機械のようにある種の数学的な美しさをもってエレガントに動く。しかし人間と一緒に暮らすペットや動物園の動物たちは、人間のもっている反自然的な習慣がコピーされ、ストレスを溜め異常行動をとり始めたりする。自然の理に従う獣と、人間の理は完全一致というわけにいかない。

人間の幽体が乗る肉体という獣においては、それははるかに顕著なものとなる。獣には力を入れる癖がついていていて慢性化している。どこかに必ず緊張を残していて、肩こりになったり、常に奥歯をかみしめる癖がついていたりする。いつのまにか獣たる肉体が悪癖として覚えてしまったためだ。

弛緩法に適した条件

幽体離脱のときは布団の中で行うことになるが、練習は床の上で行うほうが望ましい。筋肉の状態を観察しやすいからだ。掛け布団は使わない。畳やカーペット、薄めの布団の上など、やわらかすぎない床の上がよい。硬すぎる床は長時間横たわると体が痛くなりやすく痛みは筋肉を緊張させる。

腰をしめつけないゆったりした服装で行う。なるべく薄着がよいが全裸は肌が敏感になりすぎて集中の妨げになりやすい。部屋は暖かくしておこう。

また深い弛緩を得るためには、脱力する前に全身の筋肉に力を入れてやると効果的だ。ヘトヘトになるまで運動して弛緩法を行えばぐったりと力が抜ける。しかし毎回ハードな運動をしてから弛緩法を行うというのも大変なので、原理はそうなっているということだけ覚えておいてほしい。

力を抜くためにはまず力を入れてやるのが正しい。また弛緩法の前に軽くストレッチ体操をするだけで、ずいぶんと弛緩は深まるものだ。

頭皮の弛緩

弛緩法に入る前に頭皮をマッサージしておこう。両手の指先を立てて左右から頭をつかむようにマッサージする。そのとき頭皮の何カ所かに鈍い痛みを感じることがある。特に風邪のときはそういうことがよく起きる。それは「気」が滞っている経絡（ツボ）だから、少しの痛みはがまんして指先で念入りにもみほぐす。あまり力を入れすぎないようにして時間をかけることがコツだ。

また痛みの元になっているのは小さな一点で、指先でそれの真芯を見つけ出すことだ。そこを集中的に攻める。しばらくの間マッサージしていると痛みが消える。

ヨガでよく使われる方法もある。床に頭皮をグリグリと押しつけて痛みのある経絡を攻める。（次ページ図3－1）

◇**やり方**

①正坐で坐る。

②上体を前に倒して額を床につけ、両手を額の左右の床につける。肩幅より少し開いた位置に両手を置く。

③手の位置はそのままでシリを上げ頭頂を床につける。

④両腕で上体を支えながら頭皮を床に押しつけ、前後左右に、あるいは円を描くように、頭皮が床に接する位置を変えながら痛みのある場所を探してそこを集中的に攻める。

⑤シリを降ろし正坐に戻る。

効果的な道具も紹介しておこう。

ヘッドトリップマッサージャー（Happy's

図 3-1

HeAd TRiP（TM）というもので、ハンドルに純銅製の針金が十本ついていて、それが頭を抱え込むような形をしている。これで頭皮をなでてやるだけで、頭皮から首と肩にかけてすばらしい弛緩効果がある。

特に別の人になでてもらうと効果が倍増する。

全身の弛緩

弛緩法はハタ・ヨガのシャバ・アーサナ（屍の体位）の姿勢で行う（図3－2）。

このように仰向けに寝た姿勢を仰臥位と言う。この姿勢はもっとも幽体離脱に適した姿勢だ。

図 3-2

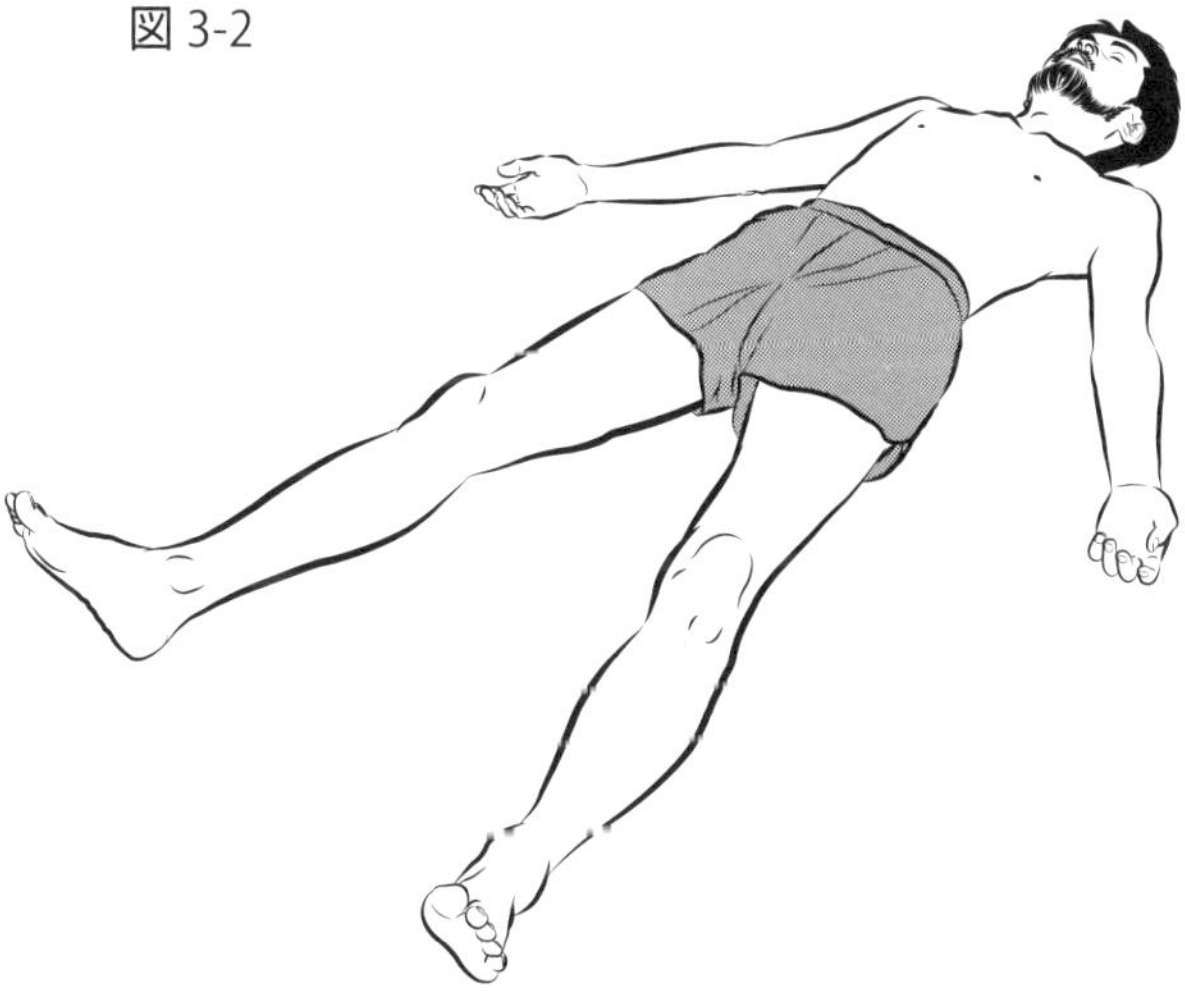

ただしこの姿勢をとりさえすれば肉体が弛緩するというわけではなく、この姿勢で肉体の各部位に注意力を向けつつ、筋肉が緊張している部位を意識的に緩めてやることで弛緩が深まっていく。

ハタ・ヨガではアーサナ（体位）と呼ばれるストレッチ体操を主とした数々の体操を行ったあと最後にこの弛緩法を行う。それによりそれまでに行ったアーサナの治癒効果が最大限に発揮されると考えられている。

弛緩法で初めに注意を向けるのは頭頂で、首、肩、背中や胸、両腕、腰、脚というように上から下へと弛緩していくのが基本だ。

◇頭部／顔面／首の弛緩

床の上に仰向けに寝る。両足は肩幅より広めに開く。両腕も広めに開き手の平を天井に向ける。枕は使わない。枕を使うと長時間同じ姿勢をとり続けることができない。

首や腰や脚を軽くゆすって緊張を緩めるとともに姿勢を微調整する。軽く目を閉じ、奥歯をかみしめないようにする。そして後頭部を少しだけ床から浮かせるよう首に力を入れ少ししたら脱力する。

こうすれば首から肩はより弛緩するだろう。ただし完全に床から浮き上がるほど力を入れてはいけない。頭部の自重を打ち消すだけの力を入れる。

次に頭頂に意識を向け、頭皮が緊張していないか確認し脱力する。たいがい頭皮は緊張しているものだが、前述の頭皮のマッサージをしたあとなら問題はないだろう。次に目の周りや唇の周りに注意を向けて力を抜く。それから耳、鼻、頬、首と首のつけ根に注意を向け脱力する。

東洋医学では、顔面と全身は対応関係があり、眉毛のあたりが肩、鼻が背骨、あごは腰に対応していると言われる。眉間にしわを寄せているときは、首のつけ根や肩が緊張している。奥歯をかみしめているときは腰が緊張している。

たとえば重たい荷物を持ち上げるときは腰の力が重要だが、ことのき奥歯をしっかりかみしめているものだ。そうしなければ大きな力は出せない。逆も然り、力を抜きたいときはかみしめないようにしよう。

◇上半身と下半身の弛緩

顔面から首までの弛緩が終わったら続けて上半身を弛緩させる。まずは上体の背面を弛緩させる。首のつけ根から背骨の一つ一つに注意を向けながら腰のつけ根までを緩める。左右の肩胛骨や腰にも注意を向ける。

今度は上体の前面を弛緩させる。首から鎖骨、肋骨の上から下へと注意を向ける。そして腹の力を抜く。

左右の腕はどちらか一方に集中して弛緩させる。このとき首に力を入れたときと同様に、腕を床から浮き上がらせるように少しだけ力を入れ、少ししたら脱力する。そして右肩、右腕の上腕そして前腕、手首、そして指先一本一本に注意を向けて脱力する。終わったら、次は左腕も同様に行う。

手の指も人体と対応関係があると言われる。だから手の指を弛緩することは、全身を弛緩することに通じる。人体との対応は四つ足の獣で考えるとわかりやすい。中指は頭、人差し指と薬指は前足、親指と小指は後ろ足だ。机の上に指を置き獣の形を作ってみればわかりやすい。

腰まで終わったら、両脚の筋肉を緩める。首や腕と同様に脚に力を入れてから脱力するのだが、このときはヒザを立てるように力を入れる。脚を伸ばしたままカカトを浮かせるわけではない。

右のシリ、次に股関節。太もも、ヒザ、スネ、ふくらはぎ、足首、カカト、土踏まず、指先の一本一本。大腿骨に集中すると太ももの力を抜きやすいだろう。右脚が終わったら左脚も同様に行う。

◇再確認と調整

全身の弛緩が終わったら、再び頭皮と顔面に注意を向けよう。練習初期のころは再び緊張しているものだ。手短に全身を再チェックする。

この段階で最初の姿勢に具合の悪さを感じているかもしれない。体の緊張が強い人や筋肉をたくさんつけている人ほど、初期の姿勢で手足の開きを大きくとる傾向がある。肩の筋肉が張っている人は、手の平を天井に向けるより、床に向けるほうが具合よく感じたりもする。全身の筋肉が緩むと手足の開きをもう少し狭くしたくなる。もちろん修正したほうがよい。弛緩法の途中でも気がつけば修正すればよい。

弛緩法の途中で眠ってしまうと、それ以上弛緩を深めることはできなくなってしまう。眠りに落ちそうなときは目を開くとか、周囲の音を聞くとか、手を握って指先の感覚を蘇らせるといった方法が使えるだろう。

仰臥位が苦手なときは

シャバ・アーサナの姿勢を長時間とれない人もいる。腰痛をもっている人に多い。この場合、両ヒザを立てると改善するだろう(次ページ図3－3)。

また両脚を内に倒して両ヒザが接するようにすると姿勢が安定する。この姿勢は幽体離脱を誘発しやすい姿勢でもあって、シャバ・アーサナではすぐに寝てしまう人は、この姿勢で眠りに落ちにくくすることで体脱できることがある。しかし不自然な姿勢なので、長時間離脱していることが難しい。

またこの姿勢で腰痛をごまかすことはできるが根本的な解決策にはならない。腰痛があると幽体離脱ができないわけではないが、幽体離脱より先に腰痛を治すべきだろう。

仰向けの姿勢ではいつまでたっても眠れないという人々もいる。幽体離脱するつもりがないときは、弛緩法のあと姿勢を崩して寝てしまってもよいが、離脱するためにはそのままの姿勢を維持する必要がある。

図 3-3

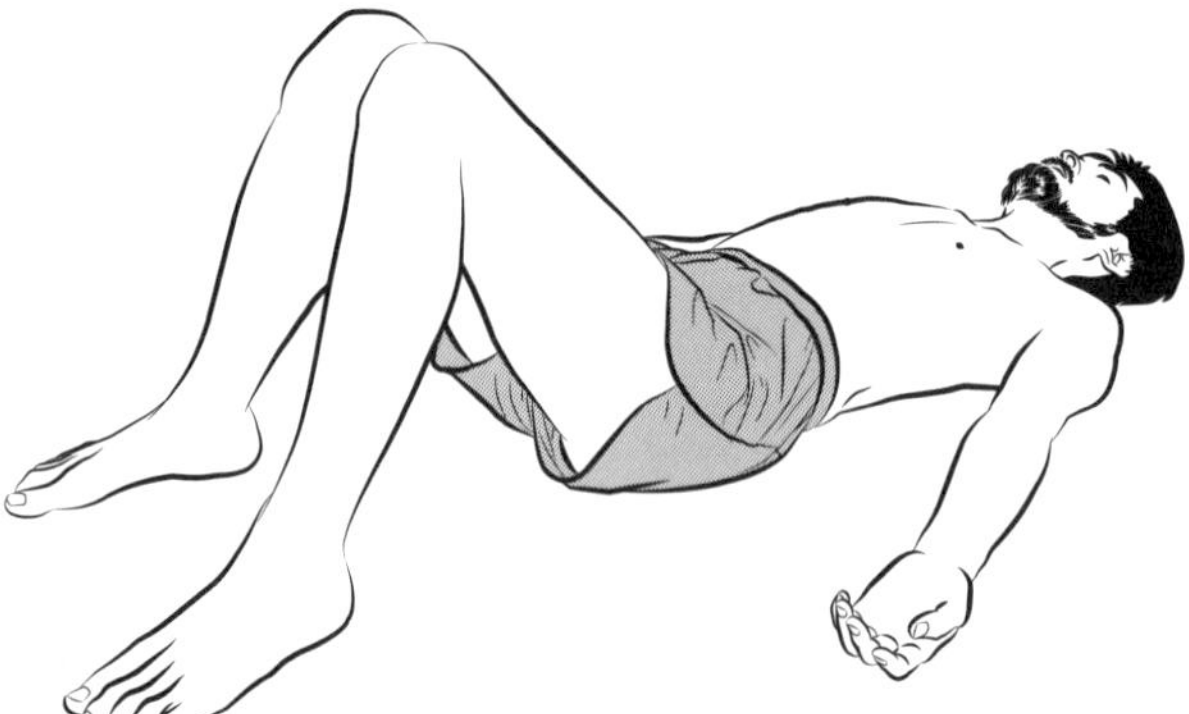

またあまり急速に眠りに入ってしまうよりは、眠りにつくまで少し時間があったほうが体脱にはよい。

どうしても仰向けが苦手という場合は自分に可能な姿勢をとるしかないが、シャバ・アーサナを持続できないのも、その姿勢で眠りにつけないのも、体にゆがみがあるからだ。それを原因とするかすかな鈍い痛みや息苦しさが原因になっていることが多い。それはハタ・ヨガのストレッチ体操を続けていれば治すことができるだろう。しばらく整体に通うというのも方法の一つだ。

第4章 継続法

…長期にわたって退屈な訓練を続けるために

長期の訓練には戦略が必要だ

幽体離脱ができるようになるにはある程度の練習が必要だ。短期決戦でけりをつけるのはほとんどの人にとって難しい。光体法は簡単なものだが、それは想像しているだけなので実感がわきにくい。光体法以外のメソッドもそれが決定的な成果を上げ始めるまでは退屈なものなので、だんだん飽きてきて練習をやめてしまう。

長期戦には戦略が必要になる。幽体離脱の訓練ほどつかみ所に乏しく退屈な訓練を続けられる人は、普通のお稽古事や勉強は簡単に続けられるのではなかろうか。

長期にわたる退屈な訓練を続けるために大切なことは、モチベーションに頼らないことだ。誰でもやる気がある間は練習を続けられる。少年少女が主人公の成長物語に感動し、一念発起して勉強やトレーニングに励んだりする。しかし三日と続かない。

感情には瞬発力があるが持続性には乏しい。その動きは池に投げ込まれた石で生じる波の動きに似ている。すぐに弱くなり消えてしまう。波が消えないように次から次へと刺激を求めることになるが、刺激には耐性がつき前より大きなそれが来ないと満足できなくなる。モチベーションを上げるためのネタはすぐに食い尽くしてしまう。だからそれに頼らなくても継続できる方法を考えよう。
そのためには習慣の力を使うことだ。惰性の力と言ってもいい。楽しいから継続できるのではない。継続するからスキルと知識が増え楽しくなるのだ。

日々の「お勤め」を用意しよう

簡単に続けられる毎日の課題を作りそれを継続する。やる気がなくても毎日続けられそうな簡単な課題を選ぶ。それならたとえやる気がなくても継続できるはずだし、継続できないとしたらお勤めの選定が間違っている。最初の四日間くらいは継続のための努力がいるが、それを過ぎると習慣化され大きな努力なく継続できるようになる。

お勤めが継続するようになると、毎日の生活の中にリズムが生まれる。お勤めは小さな種火のようなもので、そこに少しずつ日々の練習や勉強という燃料を追加していく。火はどんどん大きくなり簡単には消えなくなる。

お勤めは絶対続けるという決意を持つべきだが、他の練習については「余力があれば」程度に思っておいたのでよい。お勤めによって毎日の生活に基調音が響いていれば、脇道にそれてもやがては元の軌道に戻ってくるものだ。

人間は一日も早く目標を達成したがるが、がむしゃらに練習してすぐに燃え尽きるくらいなら、さぼりながらでも十年続けよう。

燃え尽きてしまえばそれまでにかけた努力はすべて無駄になるが、さぼることは他のことに時間を使っただけで無駄にしたわけではない。

◇お勤めの例

イスラム教徒が決まった時刻に欠かさず礼拝したり、仏教徒が朝の読経をしたりするのもお勤めの一種だ。お勤めは幽体離脱の練習を継続するためにしているという自覚さえあればなんでもいいが、生活の中で独立した行為でなければいけない。食事や歯磨きなどをそういうことにしてしまえると楽そうだが不向きだ。

前著では一日三回、朝、昼、夕と決まった時刻になったら手を叩くという方法を紹介した。簡単で効果的な方法だ。なにか帰依する信仰をもっている人なら、決まった時間に成功祈願のための祈りを捧げるのもよい方法だ。

錠剤のような小さなアメを、「これは幽体離脱ができる薬だ」と自己暗示をかけて毎日三回一錠ずつ飲んでいた人もいた。ビンのラベルにはそれっぽい薬名が書かれていた。

毎日のお勤めの選び方にはコツがあって、体を動かしたり声を出したり身体動作を伴うものが好ましい。アメを食べるのも身体動作だ。習慣とは癖であり、癖を記憶するのは肉体が得意とするものだ。

日記法

○お勤めの成否を記録する

さて日々のお勤めを用意したら、毎日それをしたかしなかったかを日付と天候とともにノートにつけていく。訓練日記をつけるわけだ。

このときマルかバツかデジタルで記録し、それをしなかったときの言い訳は書かない。言い訳をして自分をだます癖をつけないためだ。しかしバツの日が続いても気にする必要はない。記録さえ続けていればよい。これだけで何年でも訓練は継続するだろう。

しかしお勤めと日記、どちらかを省略すると続かないものだ。両方そろってはじめて継続できる。これは体脱訓練に限ったことではなく、様々な習い事にも使える方法だ。

夏休みの絵日記の宿題は文章を考えるのが難しい。子供ながら先生に読まれることも考慮した上で書いている。しかしこの訓練日記は、誰かに見せるものでもないし日付と天候とお勤めの成否だけが書かれてあればよいので悩むところはまったくないはずだ。

○幽界経験の表現力を鍛える

幽界では物質界ではありえないようなことが次々と起きる。経験中は理路整然としているように思えても、いざ肉体に帰ってから思い出してみると、つじつまが合わなかったり表現が難しい内容だったりすることが少なくない。それを他者に説明しようとすると、ますます詰めの甘さに気づくことになる。幽界での出来事を文書化する作業は、普通の作文に比べて難しいと私は感じる。

それからどんなにすごい経験をしても、それを外に表現する手段を持たなければ、わだかまりが自分の中でどんどんたまっていくのではなかろうか。言語化作業はモヤモヤした想念に形を与え、固定して安定させ、精神的に無害化してくれる。

表現力を鍛えるその第一歩は、日記にひたすら書いていくことだ。特に夢を見たとき、それを書いていくのはとてもよい練習になる。書き続けなければ表現力は向上しない。

幽体離脱で経験したことと、普通の夢や自覚夢で経験したことを、日記につけてあとから読み返すと、ほとんど区別がつかなくなることに気づくだろう。安易に言葉にしただけでは、区別がつかないものになりやすい。差異があることに注意して、それが他者にも伝わるよう表現を考えよう。

そして記録がたまったら整理することだ。その過程で様々な発見がある。

○時間に耐えてこその日記

日記はノートにつけよう。日記は長期間蓄えられて価値が出てくるので、チラシの裏などバラバラになってしまう紙に書いてはいけない。必ず失うことになるだろう。訓練を始めた直後はいつまでそれを続けるかわからないので、ノートを用意するのも面倒に感じるかもしれないが最初から用意しよう。後になってちゃんと記録しておけばよかったと思うものだ。

パソコンで日記をつけると量が増えたときに検索できるのでとても便利だ。十年分のノートから、望みのものを見つけ出すのは手間がかかるがパソコンなら簡単だ。

また日記帳ソフトやワープロソフトなど、専用のアプリケーションは便利かもしれないが、十年後二十年後、さらにそれ以降も使えるだろうか。これくらい長期間になるとOSすら存続が怪しくなる。古いデータファイルをあとから読み出し可能だろうか。

私の場合、日記はすべてテキストファイルで保管している。長期的な視野に立ったときもっとも安全なフォーマットだからだ。一カ月ごとにファイルを分け、一年分をフォルダで分ける。検索はOSの機能にゆだねている。

またパソコンは時々クラッシュする。機械は近いうちに必ず壊れるものと思っておいて間違いない。バックアップも忘れないように。だがもっとも確実なのは、印刷して綴じておくことだ。これは一度も失ったことがない。原始的なものほど頑丈だ。

○日記を書くコツ

訓練日記を続けながら、光体法やその他のメソッドを練習したときの状況や感想などを書き加えていく。どのような書き方が最良かは人それぞれ違うと思うが、いくつかコツのようなものを紹介しよう。ただしこれらは三年間くらい日記を続けたときに有益なことで、それ以下だとあまり有効性を感じられないかもしれない。

◇簡潔明瞭に書く

日記に慣れてくるとダラダラと長文を書いてしまいやすい。一年も続けると大変な量になり読み返す気もなくなる。何が起きたのか何をしたのか事実を書く。ああ思った、こう感じたといった心象スケッチも重要だがなるべく少なめにする。そういうことは事実が書かれていれば思い出せるものだ。

◇世間のニュースも書いておく

世間では一年間に何度か大きなニュースがあるものだが、それらの名前だけでよいので日記に書いておく。すべてを書く必要はなく自分が注目したものだけでよい。それが残っていると、あとからその時代の雰囲気を思い出せるし、そのときの自分の状況も思い出せる。

延々と自分のことだけが書かれている日記は、時間のない世界を漂っているかのようで、日々の変化を感じとることが難しい。

◇日記帳は種類別に分けない

訓練日記を続けていると、やがて日常の事柄もそれにリンクしていることに気づくだろう。リンクに気づかなくても、訓練以外のことで書き残しておきたいことは出てくるものだ。このとき日記帳を別に用意して分けようとしないほうがよい。カテゴリ名をつけて同じ日記帳に記録しよう。

なぜかというと手間が増えるのと、「今日はこの日記帳には書くことがない」という理由で書かずに済ませてしまう日記帳が一冊できるからだ。毎日書かない日記帳は、やがて永久に書かなくなり、余白の多数残っている日記帳は大切さも希薄なのでやがて紛失する。

◇出会った人々の名前も書いておく

人生の上で様々な人々と出会うが、好き嫌いにかかわらず、自分と近しい関係になる人々には、ある種の特徴があるものだ。関わる人々は長年のうちに入れ替わっていくが、表面的な人格が変わるだけで、自分にとっての役割は継続していることが多い。自分が外に必要としている（心理学的には「投影している」）抽象人格のパターンを見抜くことができると、対人関係はずっと扱いやすくなる。またそれは自分自身を理解することと同義だ。

○夢を思い出す方法

夢は誰でも睡眠のたびに見ているが思い出せないだけだ。思い出せるようになるコツは、まず夢を見たいと思うことだ。関心を向け続けると幽界は応えて来る。

夢を少しでも覚えていたら書き残すようにしよう。夢を見ていた記憶はあるが内容が思い出せないことや、喜怒哀楽の感情だけを覚えていることもあるだろう。そのことを断片であっても日記に書き残す。夢に関心を向け続けるというのはそういうことだ。これはすぐに成果が出て、長い夢も思い出せるようになる。

夢を見て目が覚めたあと再び眠ってしまうと、その夢は思い出せなくなることが多い。しかし眠ってしまう前にわずかなメモでも残しておけば、あとから記憶を呼び覚ませる。たとえばウサギが出てくる長く複雑な夢を見たとする。「ウサギ」というキーワードだけでも残しておけば後から内容を思い出せる。夢を見ていたことは確かだが内容を思い出せなくなった夢は、その日再び眠りにつくときに思い出すことが多い。また瞑想中に思い出せることもある。意識のレベルが夢見の状態に近くなったときに夢の記憶は想起されやすい。

秘密にすると願望達成の力がたまる

幽体離脱の練習をしていることを他人に話さないほうがよい。人は大願を抱いたとき、おのずと沈黙を守るものだ。神社で真剣に願掛けをしたとき、その内容を誰かに話すだろうか。真剣に転職しようと計画を立てているとき、会社の同僚に話すだろうか。職場で辞めようとしていることを頻繁に口にする人で転職した人を私は見たことがない。

他人に話してしまうことで、それまでためていた「気」のようなものが抜けていくのを感じるのではあるまいか。黙っていることで気がたまる。気がたまると圧が高くなり悶々として、誰かに上手に水を向けられるとペラペラとしゃべってしまいそうになる。秘密とはそういうものではあるまいか。しかしそのたまるなにかこそが、願望を達成させるエネルギーだ。しゃべるくらいなら日記に書きなぐっておこう。

達成の一歩手前で脱落する法則

人間にはそれまでの習慣や状況を維持しようという慣性力のようなものが働いていく、なにか自分の有様を変えようとしたとき、元の状態に揺り戻そうとする力が働く、という法則がある。

どんな習い事にもこの法則は当てはまる。努力の末、決定的な上達が訪れる直前で訓練を突然やめてしまうことがとても多い。これは心理的な問題だけとは言い切れないところがあって、環境が変化して継続が困難になったりする。そしてそれをやめる理由にする。

たとえば私がプログラミング言語を教えていたある生徒が、もうあとちょっとで一山越えるというところで、いきなり会社のリストラにあってしまった。次の仕事が見つかるまで学習はやめて就活に専念したいと言ってきてレッスンは終わってしまった。しかし、何かを本当に獲得したいと思ったら、大きな逆境にあったとしても続けなければいけない。

もちろんそこにはトレードオフがある。何を獲得するにせよ、時間とかお金とか、身体的な苦労だとかの犠牲が必要だ。犠牲を捧げない者は何も得られないが、大きすぎる犠牲を払ってまで獲得する価値はないという判断を下さざるをえないことはある。訓練をやめたくなったとき、この法則を思い出しよく考えてみるべきだろう。訓練を続けていれば、必ずいつかはそれを考えさせられる地点にやってくる。

実のところ、自分とそれを取り巻いている環境はつながっている。人はみな自らがふさわしい場所にいる。自分が変われば環境も変わる。知識やスキルを本当に身につけたということは、もうそれ以前の自分ではなくなってしまったということだ。長期にわたって訓練を続け、自分に決定的な変化が訪れるとき環境も変化する。

リストラされた生徒は長年にわたる自分の研究を完成させるのにプログラミングのスキルが必要だと考えていたようだ。研究者として一本立ちすることと、会社員を続けることは両立しない。リストラされたのはそういうことではあるまいか。

幽体離脱ができるようになったとき、遅かれ早かれ、その人の環境は変化する。そういうことをするのにふさわしい環境に導かれるだろう。

恐怖の克服法

幽体離脱の訓練で、しばしば障壁となるのが恐怖心だ。離脱が起きる直前は、色々とありえないことが起きやすい。体脱未経験者はここで怖くなって布団から飛び起きたり、目を開いたりして失敗しやすい。そして「二度とごめんだ」とやめてしまったりもする。とはいえ恐怖とは無縁のまま、体脱に成功してしまう人もいる。この世にあまり未練や執着がないのかもしれない。

そうではない人には対策が必要だろう。恐怖心が強く残っていると成功はまず望めない。

もし体脱したとしても、パニックになるとすぐに肉体に戻ってしまう。恐怖に勝つためには、怖いということを認めてしまうことと、怖くても何度もリトライして怖さに慣れてしまうことだ。

どんなに怖いホラー映画も、何度も繰り返して観ればまったく怖くなくなるようなものだ。それから起きているその怖い現象を観察し続けるという姿勢を崩さないようにする。観察する意図を持つことには恐怖心を消す働きがある。ただしこれは幽体離脱が基本的には安全なものだから恐怖心は消そうという話であって、天災などの真に危機的な状況で恐怖心を消せといっているわけではない。そのときはパニックを起こして本能のままに逃げ出すほうが生存率は高くなると言われている。

怖い経験をしたときはそのときの様子などを詳細に日記につけておこう。そのときの感情表現もできるだけ大げさに書いておけばいい。そして何度でも読み返し追体験しよう。そうしているうちに心にも余裕が生まれてくる。余裕が生まれてくると、襲ってくる現象の中にも隙が見えてくる。「多分、大丈夫だろう」という自己信頼も生まれてくる。

第5章

瞑想法

…思考と感情と肉体の運動を静止させる

幽体離脱は無念無想の瞑想意識のときに起きる

様々な瞑想法があるが、瞑想とは心身を静止させることが本来の目的だろう。本書の瞑想とはそれを目指すものだ。心身を静止させるということは思考と感情と肉体の運動を静止させるということだ。

私たちは静かに坐っていても心の中は「内面の対話」が続いている。他人や出来事の記憶を思い出しては、それについてあれやこれやと言葉による思考を巡らせ、自問したり反論したりしている。

耳についた音楽や歌がずっと鳴り響いていたりもする。外部からの音や話し声の刺激が入れば、それに注意力が向き、それをネタにあれこれと思考の空回りが続く。それらをトリガーとして感情も動き、怒ったり悲しんだり喜んだりしている。痛みや寒暖などの刺激が来れば、感情が快／不快を感じ、それに思考が価値付けをしたりする。

思考と感情の運動は肉体にも波及する。考え事をして眉間にしわを寄せたり、あごや肩に力を入れたりする。弛緩法を実践すると、体のあちこちに力が入っていることがわかるが、それは肉体だけの問題ではなく、心の運動の癖によるところも大きい。心の運動が止まれば肉体も静止する。逆もまた真なりで肉体が動けば心も動く。思考、感情、肉体（感覚）はこのように相互に連動するようにできているが、瞑想はそれらをすべて止めてしまおうとする行為だ。

心身が静止すれば過去の記憶も想起されないし、未来への想像や妄想もなくなる。坐っているのに必要な最低限の力以外はすべて脱力し微動だにしなくなる。

だが完全に心の動きを止めることはほとんど不可能で、できるかぎり静止に近づけることができるだけだ。それはそんなに難しいことではない。瞑想前の騒がしい状態を十とすれば、それを五や一にまで減らすことはできる。しかしゼロにするのは限りなく難しい。

幽体離脱が起きる瞬間というのは、心身の静止状態のときに起きる。完全ではなくてもそこそこ静まっている必要がある。それは眠りに近い意識状態ではあるが、眠っているわけではない。

またこの意識状態に慣れていないと、光体法を実践してもすぐに寝落ちしてしまいやすい。瞑想を続けることで心身の無風状態に慣れることができる。

瞑想で無念無想の状態に入る極意

心の動きを止めるテクニックは色々あるが、どれも小手先のテクニックにすぎない。それを少し助けてくれる程度だ。

根本的な方法があるとすれば、できるだけ長く坐ることだろう。心身の動きが静まるまでにはそれなりに時間がかかる。一時間くらい静かにじっと動かず坐っていれば、振り子の振動が徐々に小さくなるように、心の動きも体の動きも小さくなっていく。そのうち心は根負けして静かになるしかない。また一度に長時間は無理でも、一休みしてからまた坐るのを繰り返してもいい。

とはいえそれでも大変かもしれないので、初心者は一日一〇分だけ坐ることから始めればよいと思う。こういうことにも慣れはあり毎日続けていれば上達する。

どうしても心が静まらず、坐っていたくなくなる日もある。その日の状態によっても瞑想の質は変わる。続けていればいい。そのうち「よい瞑想だった」と思える日もやってくる。

瞑想に適した環境

光体法と同様邪魔の入らない静かな部屋がよいが、環境からのノイズに無関心でいられるということも瞑想のスキルと言えるのであまり神経質にならないほうがよい。

部屋の乱れは心の乱れ。部屋は整理整頓して掃除しておこう。瞑想中、雑多に散らかった部屋を見ると妙に気になってしまう。それは心が静まったゆえのことだろう。

瞑想は坐って行うので椅子か薄めの座布団を用意する。

疲れていないときのほうがよい瞑想ができるが、瞑想には疲労回復の効能も多少はある。しかし疲労回復が目的なら寝るのが一番だ。

お好みのインセンス（お香）やアロマオイルなどを使ってもよい。香りは想像以上に意識に影響を与える。色々と試してみるとおもしろい。

顕在意識に上らない微弱な悪臭が意識に悪影響を与えていることもある。それを消すのにも有効だ。どの香りから手をつけてよいかわからない人には白檀（サンダルウッド）を勧めておく。

インセンスもアロマオイルもあまり安すぎる品は避けたほうが無難だ。好みの問題とはいえトイレの芳香剤のような匂いの中で瞑想したいと思う人はいないだろう。

香りは好き嫌いが分かれるものなので、同居人がいるならその人への感情にも配慮してほしい。相手がその香りを嫌っているなら使わないほうがよい。他者の否定想念は瞑想に決してよい影響は与えないだろう。

瞑想を始めよう

瞑想はただ坐ればよい。禅ではこれを只管打坐《しかんたざ》と言う。いくつか坐り方（坐法）がある。坐法は楽に安定して長時間坐れるようにするための方法で、極めていくと大変奥が深いものだが、最初は坐る姿勢をとることからしか始まらない。次章の「坐法」の中から好きなものを選んでほしい。坐ったら手の指で印を結ぶ。

目は軽く閉じるか半眼にして、視線を前方の床に落とす。鼻の先に合わせるというやり方もある。

次は弛緩法。仰臥位で行ったときと同様に頭皮の弛緩から始めてつま先に向かう。椅子に坐ったときは脚まで弛緩させるが、床に坐ったときは脚を組んで固めてしまうようなものなので、腰までの弛緩ができていればよい。

背筋を重力に対してまっすぐに立ててアゴを引く。ただし力まずに自然さをもってそれをする。上体を前後左右にわずかに傾け最適な重心点を見つける。時間とともに姿勢は微妙に変化し重心点も変わっていくが最終的には一点に落ち着くだろう。

弛緩法と重力に対して背骨を垂直に立てるという行為自体が一つの瞑想法とも言える。肉体に注意を集中しているなら内面の対話は少なくなる。

坐が安定したら呼吸法（第7章を参照）を行うのもよい。意識がシャープになりかつ安定する。

あとはできるかぎり心身の動きを静止させ、内面の対話をやめるようにして、心が動いたときにはそれを打ち消しながら無念無想を保つだけだがこれが意外と難しい。心は退屈を嫌う。そこで心を黙らせるためのテクニックの登場となる。どれでも好きなものから試してみればいい。またそれらを組み合わせてもよい。

瞑想の技法

◯銀幕瞑想

自分が茶筒のような銀色の壁に取り囲まれた円柱形の部屋にいる様子を視覚化する。この部屋の中には何もない。そしてこの部屋は、心を刺激する一切のものは決して入ってこられない強固な結界だと思い込む。

その状態で坐っていても、雑念が次々とわき出してくるだろう。それらを客観的に他人事のようにとらえ、銀幕の外に押し出すように意図する。雑念が嫌な出来事の記憶だったりすると、それに執着し、繰り返し思い出し追体験してしまったりするかもしれない。次々と雑念は出てくるものだが、出てきたら即座に追い出す。最初が肝心で雑念に魅入られる前に捨てる。これを続けているとやがては沈黙が訪れる。

○聴音瞑想

坐っていると環境からの様々な音が聞こえてくる。とくに呼吸法などを行い意識がシャープになってくると、それまで聞こえなかった音にどんどん気づくようになる。時計の秒針の音や、冷蔵庫の音、風や雨の音や車が発する振動など。こういった環境の音を観察し、どこまでも聞き分けていく。続けているうちに「こんな音まで響いていたのか」と驚かされると思う。

音のみに集中し聞いているとき、人は受け身になっていて余計なことは考えない。聞くという行為がもつ、精神を集中させる性質を利用した雑念消去法だ。

このとき聞こえてきた音を評価しないようにする。それまでなかった音が聞こえてきたらそれだけでよくて、その次に「こんな音まで響いていたのか」などと思うが、それは音の刺激によって思考が動いてしまったということだ。それは余計なことだから減らしていくように努力する。

それから環境音の代わりに音楽を聴くことは、この瞑想法の趣旨に反する。音楽は人の感情を刺激するように作られているものだ。ヴォーカルも入っていると歌詞の主張も入ってくる。それらの刺激は感情と思考が大好きな食料なので、瞑想ではなくただの音楽鑑賞になってしまう。

銀幕瞑想は雑念そのものに注意を向けて直接消していく方法だが、音を聴く瞑想は集中可能な別の対象に注意を向けることで、雑念を生み出す思考機能をやめてしまう方法と言えるかもしれない。

◯逆向き瞑想

この瞑想法は銀幕瞑想を行ったあとで(あるいは並行して)始めるとよい。その日一日の出来事を、瞑想を始めた直前から過去にさかのぼって思い出していくという瞑想法だ。

興奮ぎみで心が騒がしいとき、銀幕瞑想や聴音瞑想はちょっと退屈すぎて関心がそれてしまいやすい。逆向き瞑想は思い出すべきことが決まっている。妄想にふける余地がない。過去の記憶を思い出す行為には適度な難しさがあるので集中しやすい。思い出す内容は毎日異なるから飽きない。

逆想するとき映像を思い出すようにして、なるべく言葉で考えないようにする。そして想起される出来事に執着しない。銀幕瞑想と同様、他人ごとのように思い出し、すぐに銀幕の外に押しやって捨てる。

一日の逆想起から派生する感想や連想はすべて排除する。「だれかさんがこんなことを言った」というのは思い出された事実だが、そこから「こう言えばよかった、ああしていればよかった」などという反射は感想だ。

その日、目覚めたところまでを思い出したら終了。この時点で心はだいぶ静かになっている。

一日の中で印象に残ったシーンだけが断片的に思い出されるだろう。思い出すことができたシーンは、その人が一日の中で本当に目覚めていた時間だ。それは活動時間のうちのわずかな時間しか占めていない。

仕事中のことはあまり思い出せないかもしれない。仕事中は自動的・機械的な反射行動で動いている時間が多い。毎日繰り返していることは自動化されてしまう。それは目覚めてはいても眠りながら動いているようなものだ。

この瞑想は生活を振り返り再認するのに役立つのは言うまでもないが、もう一つの効能として夢や幽体離脱の記憶を思い出しやすくする。朝起きて夢を思い出すとき、普通は時間軸を逆に思い出し、夢の記憶をさかのぼりながら思い出していくと思う。そういう逆向きの思考法に慣れることができる。

○ロウソク瞑想

ロウソクを一本用意し安定した台に立てる。

ロウソクに火をつけて、一〜二メートル離した位置に置く。炎の位置がヘソの高さにくるように台の高さを調節する。

坐ったら静かに炎を見つめる。呼吸法で息を入れるとき炎から火のエネルギーをヘソから取り込むように意図する。ロウソクの炎をよく脳裏にやきつけておこう。しばらくそれを続ける。

適当なところで目を閉じて、お腹の中で炎が燃えている様を視覚化する。腹部が温かくなるまで続ける。

私たちは電気の照明に慣れてしまっていて炎の灯りを見る機会は少ない。実際にやってみるとすぐにわかると思うが、炎には人を元気にさせる効能がある。「魂の炎」などと言うように、炎はしばしば命の象徴表現と見なされるが、炎はたしかに生き物とよく似ている。食料（燃料）を食べ、輝き、やがて消える。炎は生きている。火とコネクトして火のエネルギーを幽体の中に取り入れよう。

一日中雨が降り続くような日にこの瞑想をしてみよう。最初は火を灯さず瞑想する。瞑想状態の意識に慣れたら火を灯す。火が出現すると湿った空気が火を中心にして一気に遠ざかり、火が水の気配を追い払うことに気づくと思う。「火」と「水」の両方の「元素」の気配を実感できる。

和ロウソクを使ってみよう。炎が丸く膨らんだり細くなったり揺らめいたり生き物のように刻々と姿を変え見ていて飽きない。これは普通のロウソクにはない特徴だ。光も少し暗めで目に優しい。普通のロウソクとは炎の質が違う。

○内面のグル瞑想

これは前著『幽体離脱入門』に書いたX氏から教わった瞑想法だ。研究会ではこの瞑想法をメンバー全員で行っていた。この瞑想法はこれまでのものと異なり、自分を取り巻く様々な問題解決に使うことができる。

守護霊、指導霊、ガイド、ハイヤーセルフ、アートマンなど呼び名は様々だが、潜在意識の中には自分を導いてくれる高次の自己がいると言われる。研究会では「内面のグル」と呼んでいた。そのような存在は心臓の中にいると言われる。

この瞑想法は椅子に坐って行ってもかまわないが、私たちはいつも床に坐ってやっていた。田畑に囲まれたX氏の家の中で、陽が落ちて夜が訪れると、この瞑想を始めたものだ。

前述のロウソク瞑想を行い、お腹の中で炎が燃えている様を視覚化する。腹部が温かくなれば準備完了だ。

目を閉じたまま、今度は視覚化によって腹部の炎の中から透明なパイプを脳に向かって伸ばす。腹部の炎はパイプの中を通って脳の位置に達する。そして頭の中の空間が冷たい白い光で満たされる様を視覚化する。次は頭部の空間内からもう一本パイプを心臓に向かって降ろす。そのパイプを通って冷たい光は心臓の中に降りていく。自分もその流れにのって心臓の中に降りていこう。

心の視野に見える心臓は、タマネギのような多層構造になっている。この心臓は肉体のそれではなく幽体の心臓だ。肉体の心臓よりも少し右側にある。別の言い方をすればアナハタチャクラの位置に相当する。

多層構造のヴェールを裂いてその内部深くに分け入る。どんどん深く心臓内部にもぐりこんでいく。やがて自分は心臓内部の空間内に達する。

ここまでの様子をありありと視覚化し、そのようになっていることを感じ取ろう。

さてこの心臓内部の部屋の中で、自分のガイド的存在を呼び出す。出てきてほしいと思えばそれは出てきてくれる。受動的に出てきてくれるにまかせ、自分のお好みのイメージを投影してはいけない。

ガイドが出てきたら質問を投げる。幽体離脱になかなか成功しないなら、その原因と解決法について尋ねてみるのもよいだろう。ガイドは答えてくれそのお告げはしばしば正しい。ただしこのとき謙虚で素直に受け身の心理状態でなければいけない。自分の希望や願望をガイドに語らせようとしたり、自分の考えに同意を求めたりしては台無しだ。

用が済んだら心臓の外に出て、二本のパイプを消去し、目を開ける。これで内面のグル瞑想は終了だ。

この方法には少し後日談がある。この瞑想会がしばらく続いたある日、X氏はガイドのイメージを使うことをやめるように言った。胸の位置に意識の重心を置き、そこで自分の問いに対してどのように感じ、どういう考えが浮かぶかに集中するよう促した。

なにか人格的な存在を呼び出し（創り出し）、それに何かを語らせるやり方は、得られる情報が歪曲されノイズが乗りやすい。ガイドといってもそれは自らの内にいるハイヤーセルフであり、それも自分の一部なのだから別人格と見なすべきものではない。
はじめは別人格を想定するほうがやりやすいかもしれないが、最終的にはそういうものを使わない方法にシフトしていくべきだ。

瞑想を深める体操

瞑想も毎日続けていると深く入り込める日もあれば、どうしても雑念を止めることができず集中力が出ない日もある。なにか心がかき乱されるようなことがあった日はやはり安定させにくい。

心を安定させる一番てっとり早い方法は、かなりハードに運動をすることだ。体操などで息が切れるくらい運動すると頭の暴走は止まる。ただし瞑想にも体力は使うので加減は必要だ。ヨガ行者が瞑想する前に必ずヨガ体操をするのは、そういう体の仕組みをよく知っているからだ。

ところで深い瞑想を行うためにもってこいの体操は頭立だ(第9章25番アーサナを参照)。これは頭に血流を送り意識をクリアにする。そのあとで瞑想すると大変深い瞑想ができる。これは保証してもいい。頭脳労働にも即効性があり、頭立後、突然よいアイデアがひらめいたりする。

頭立を維持できる時間は個人差が大きいが、数分間行えば効能は十分に実感できるだろう。難点は頭立の難易度がちょっと高めなことだ。

瞑想のホントの効能

瞑想を勧める書物に、それがもつ様々な実利的な効能が書かれているのを目にするときがある。難病が治った。瞑想すればどんな難問も解決する方法が見つかる等々。

しかし私の場合、いくら瞑想しても虫歯は治らないし（当たり前だ）、腰痛も慢性鼻炎も治らなかった。数学やコンピュータプログラミングにおける難題も、瞑想中ではなく普通にその問題に取り組んでいるときに解決策が見つかることが多い。

心身の健康に役立つというのも嘘ではないだろうが、個人的には絶大な効果があるとは思えない。医療で普通に治る病を瞑想法で治そうなどと考えたら、手遅れになってしまう危険すらある。

ドキドキワクワクする楽しい遊びというわけでもない。そのような状態は感情が高揚しているということだから、心身の静止を目指す瞑想とは正反対の状態だ。それでも私が瞑想を続けているのは、瞑想中の静かな澄み切った意識状態が好きなのだと思う。

しかし今から数年前、やっと実利的な効能らしきものに気づいた。それは「運がよくなること」だ。

瞑想がなぜ運を招き寄せるのか、その仕組みはよくわからないが、いつも忙しく動き回っている心を静止させることで、心が健全さを取り戻すのかもしれない。断食で消化器官を休ませることで健康が回復するのと似ている。

瞑想を続けているときと、やめているとき、その双方の期間を長年観察し続けた末の私なりの結論だ。

第6章
坐法
……長時間快適に瞑想するために

坐り方でもっとも大切なこと

正しい坐り方ができると、姿勢が安定し瞑想で快適に坐り続けることができる。簡単に実践できるものから、脚が柔軟でなければできないものの効果的な坐法まで紹介する。

瞑想で坐るときは、椅子であれ床であれ「腰を入れて」坐ることが大切だ。

背もたれに背中をもたれかけて椅子に坐ってみよう（この実験は座面が堅い平面の椅子であることが前提だ）。わざと背中を丸め猫背で腰の力を抜いて坐る。その状態で手をシリの下にもっていくと、尾骨が座面に接していて指が入らない。仙骨と尾骨が前方に傾斜している。この状態は「仙骨が倒れている」と表現される。これは腰が入っていない坐り方、腰を落とした坐り方だ。

今度は背もたれから背中を離し背筋を伸ばす。ヘソの下を少し前方に突き出し胸を軽く張りアゴを引く。この状態で再び手をシリの下にもっていくと、尾骨が座面から離れていて手を深く差し込むことができる。これが腰を入れて坐るということで仙骨を立てて（起こして）坐るとも表現される。

シリの両サイドからシリと座面の間に手を差し込むと、骨盤の底にある二つの丸くでっぱった部分が座面に接していることがわかる。これは座骨と呼ばれ寛骨《かんこつ》の一部だ（図6－1）。

椅子に坐るときも床に坐るときも腰を入れて坐っているときは、外部からの力に踏ん張りがきく。腰が入っていないと、他者に上体を押されると簡単に倒されてしまう。腰が入っていない坐り方は安定性が悪い。

坐法は奥が深いものだ。極端に体が硬い人や極端に太っている人は、どんな坐り方をしても腰が十分に入らないことがある。ある程度、体ができていなければ正しく坐ることすらできない。長時間楽に坐ろうとしたとき、脚の組み方や手を置く位置のわずかな違いによって、その後の快適さが大きく変わってくる。人それぞれ体は違うが、その人なりの最適解は存在するようだ。長時間快適に坐れる、理想の坐り方を追求してみてほしい。

図 6-1

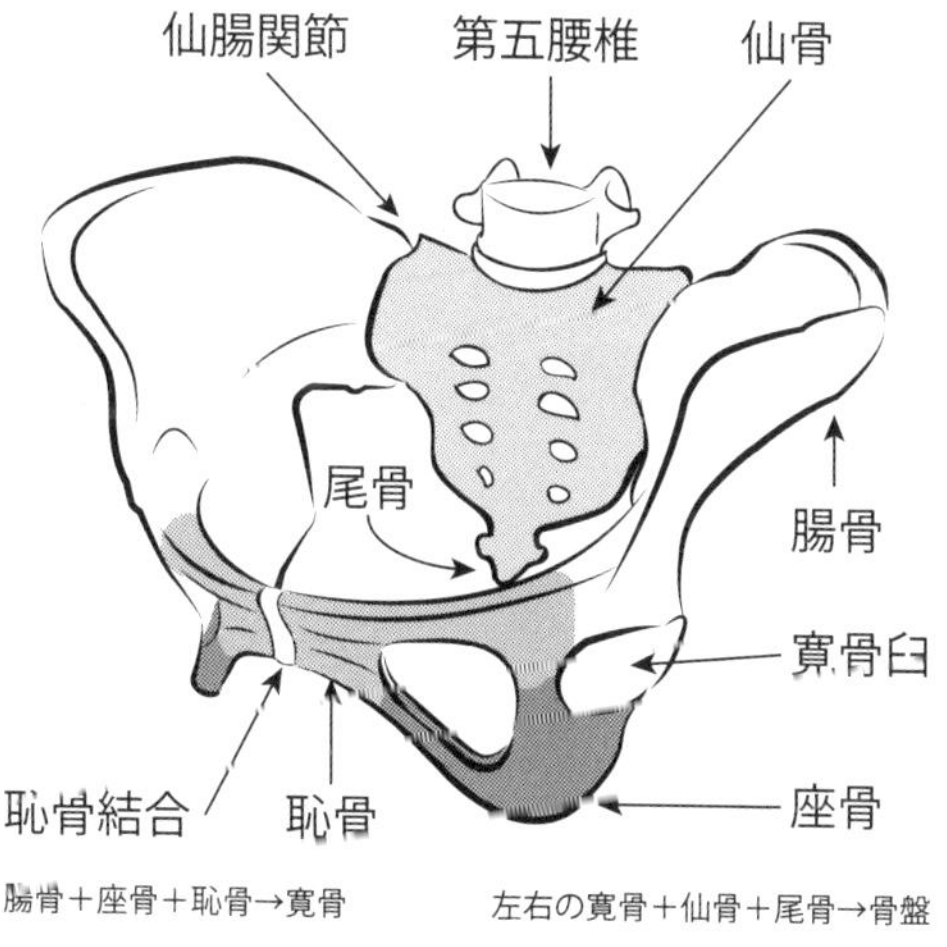

椅子に坐ろう

○瞑想用の究極の椅子を求めて

座面が平面で丸い座面の椅子がよい。しかし四角の座面でもまぁよいだろう。座面には硬めだが弾力のあるクッションがついているとよい。シリの形に合わせてへこみを作っているOAチェアや、深々と腰が沈み込むソファーは不向きだ。堅い木の椅子に薄いクッションをのせるとよいかもしれない。

背もたれはあってもなくてもかまわないが瞑想で背もたれは使わない。

床から座面までの高さ（座面高）が自分の体に最適であることがとても大切だ。だから高さ調節機能があるとよい。

以上の条件は長時間姿勢を変えず、腰を入れて安定して楽に坐れる条件を満たしている。ただしあくまでも瞑想用の椅子の話で万能の椅子は存在しない。だから用途に合わせて様々な椅子がある。

最適な座面高の椅子とは、坐ったときに太ももが床と水平、スネは床に垂直になり、足の裏がぴったりと床に接する椅子だ。低すぎる椅子に坐ると太モモが上に向かって傾斜し、高すぎると太モモは下に向かって傾斜する。どちらにも偏らない座面高が理想だ。

しかしこれを正確に定義することは難しい。「太モモが床と水平」などといっても、脚の太さや硬さは人それぞれ違うし、太モモも大腿骨も棒のような直線ではない。座面のクッションで沈み込む高さも考慮する必要があるし、靴を履いていればその高さも関係する。だから体感的に割り出すしかないだろう。

最適な座面高は前述したような条件と身長や座高によって変わるがそれは確かに存在する。許容誤差はかなりシビアでプラスマイナス一センチの範囲だと思う。

座面高が不適切だと姿勢が不安定になるので、長時間坐っていると無駄な苦痛を強いられることになる。

身長百七十センチ以上の人に最適な座面高が確保できる椅子は多くはない。戦後から日本人の平均身長は十センチも伸びているが、椅子や机、乗り物のシートの高さはあまり変わらないようで高身長の人には今や低すぎることが多い。「最近の若い者は姿勢が悪い」と言われたりするそうだが、世間の椅子や机が体に合わなくなっているからかもしれない。

喫茶店などで観察すると背の高い人ほど脚を組んでいることに気づくと思う。そうすることで椅子の低さに体を適応させている。気づかずに生活していると姿勢が悪くなる（喫茶店の場合、お客にあまり長居させないための戦略かもしれないが）。

◯なぜ椅子で脚を組みたくなるのか

座面高が適切ではない椅子に坐っていると脚を組みたくなる。

座面高が低すぎる椅子に坐ったとしよう。ヒザは高くなり太ももは前方上に向かって傾斜する。その姿勢だと腰が十分に入らないので、正面から押されると簡単に後ろに転倒してしまう。太モモが上に傾斜するほど腰を入れることは難しくなり重心が後ろに偏る。上体が後ろに倒れようとしているので腹筋を締め、さらに背中を曲げてバランスをとろうとする。しかし長時間坐るにつれ腹筋が疲れて背もたれに背中をつけしまう。背もたれで支えられているが、上体は後ろに倒れようとしている。背もたれからずり落ちるようにシリに圧力がかかり腰は不安定になる。そこでヒザの裏をもう一方のヒザの上にのせ脚を組む。

脚を組めば両ヒザがロックされ、骨盤と二本の大腿骨で三角形ができる。するともはや骨盤と太ももは動かなくなり、下半身が置物のように安定するが、上体が後方に傾斜ぎみなことに変わりはない。重心が後ろに偏っているので、背中を丸め前傾しバランスをとろうとする。

この不自然な姿勢を習慣的に続けると、骨盤が歪み背骨も歪み猫背になり、やがて腰痛や肩こりなどを引き起こす可能性がある。まだ骨盤が健全であれば、途中で脚を組み替えようとするだろう。しかし必ず決まった脚の組み方しかできないのであれば、それはもはや骨盤が左右非対称にずれていることを意味する。骨盤矯正が必要だろう。

今度は逆に座面高が高すぎる椅子の場合は、腰は入るものの太モモは下に傾斜し上体は前方に傾こうとする。これも不安定なので脚を組んで安定させようとするが、下方に傾いた太モモでヒザを組むことそのものが安定しない。上のヒザがずり落ちようとするからだ。また座面に押さえつけられる太モモ裏の圧迫感も不快だ。座面が高すぎる椅子は肉体にとって融通が利きにくい。だからすぐに悪い椅子とわかる。しかし低すぎる椅子だって同様に悪いのだ。ごまかしが利く分、発見を遅らせ体に害を成すのだから、高すぎる椅子よりたちが悪いとも言える。

○椅子坐…脚が悪くてもこれならできる（図6－2）

この坐法の利点は誰にでも無理なく坐れ、長時間坐っても足がしびれないのが利点だ。瞑想のために坐るなら椅子の高さを最適に調整しよう。

◇やり方

①腰を入れて椅子の縁に坐る。ただし左右の座骨がしっかり座面についている必要があるのであまり縁すぎてはいけない。マタを閉じ両ヒザも両足もそろえる。床と太モモては水

平、スネは床に垂直、足裏は床にぴったり接する。両手はだらりと下にぶらさげる。

②このとき両ヒザをくっつけておくためにマタに少し力を入れているだろう。マタの力を抜いて両ヒザが離れるにまかせる。マタが開いたらそれがほぼ最適なマタの開き加減だ。足をマタの開き加減に合わせ移動させる。

③背筋を伸ばし猫背にならないように。アゴを引きかるく胸を張る。

④両方の手の平をモモの中程に置く。手を遠くに置きすぎると腕に負担がかかり、体によせすぎると肩が上がる。一番力が抜ける位置を探し、肩を落とした状態に保つ。

図 6-2

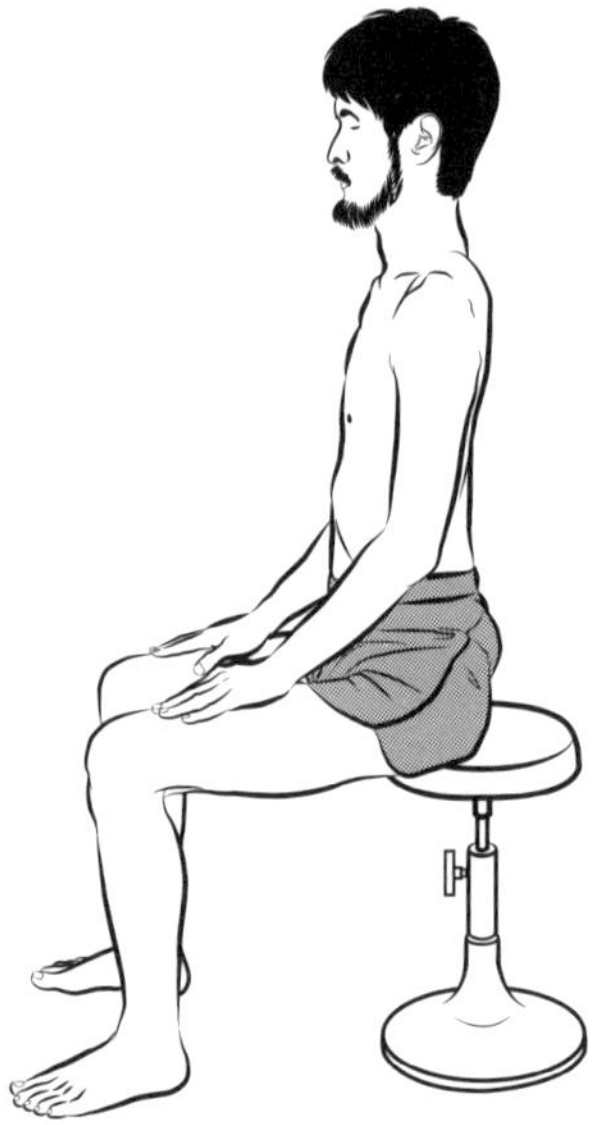

足を前方または後方に少しずらすことでヒザの高さを上下させ、椅子の高さの微妙なズレを相殺できる。しかし椅子の高さを調節すれば、そのような配慮をしなくても済む。

なぜ丸い座面の椅子がよいのかというと、シリから太モモの裏の筋肉を外に逃がし圧迫を減らせるからだ。

床に坐ろう

板間や畳の上に坐るときは、薄めの座布団や敷物を使う。分厚く柔らかなクッションは、脚の硬さとそれに伴う痛みをうまくごまかしてくれるが安定性が悪くなる。

蓮華坐や吉祥坐《きっしょうざ》を組めるようになるには、脚の柔軟性もさることながら脚が太すぎたら難しい。筋肉がついて太いのか、脂肪がついてそうなのかはあまり関係ない。ヨガのアーサナは蓮華坐向きの脚を作る。

◯正坐…日本の美しい坐り方の定番（図6－3）

これは日本人にはおなじみの坐法。人前で正坐する機会もあるだろうし瞑想にも使える。金剛坐とも言う。

◇**やり方**

①両ヒザをそろえて床につけ、足先をそろえてつま先を床に立て、シリをカカトの上に降ろし、上体をまっすぐ立てる。

②手の平を前方の床についてシリを少し持ち上げ、両足の甲を床につける。カカトを開き、シリを両カカトでできたくぼみに降ろす。上体をまっすぐ立てて正面を見る。

③座骨に注意を向けて両カカトのくぼみに具合よく収まるよう微調整。

④両手でこぶしを作り、腕を降ろしこぶしを床につけて両肩を落とす。

⑤両手をモモの上におく。

図 6-3

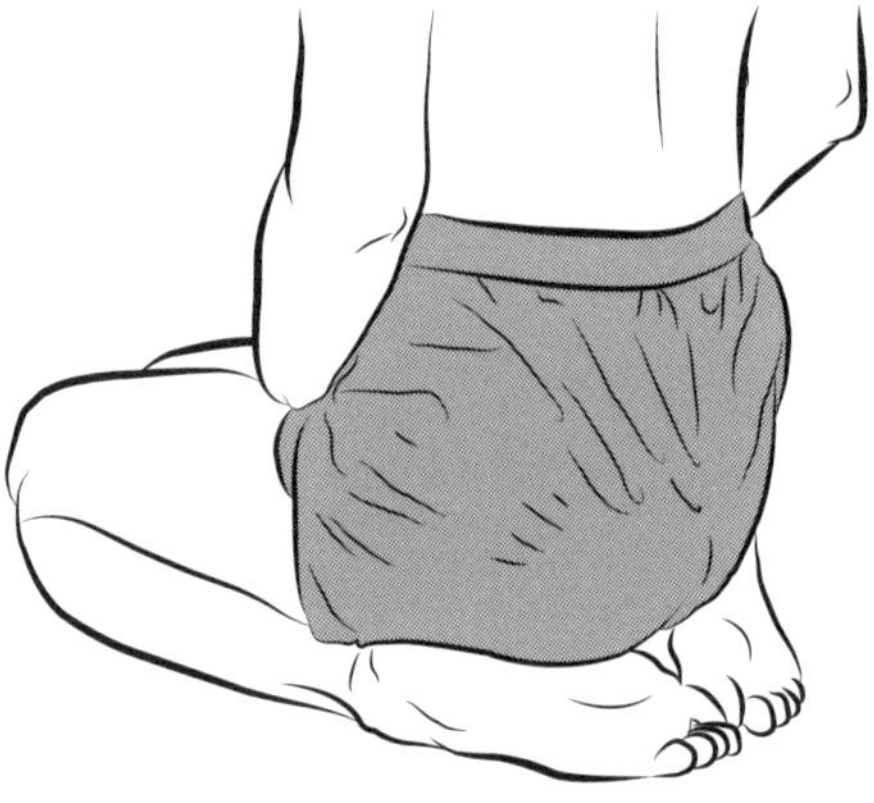

「足の甲を重ね合わせたりせず、また両親指が離れないようにする」というのが基本形だが、重ね合わせたほうが具合がよい人もいる。骨格による個人差があるかもしれない。

③で姿勢が決まらないときは、その姿勢のまま額を床につけて脚部の緊張を緩め再び上体を立てる。適当な位置が見つかるはずだ。

④でこぶしが床につかない人は、肩の筋肉が張っている。ヨガ体操で緩めよう。

◯安楽坐…瞑想初心者向けの楽な坐り方（図6－4）

この坐法は日本人なら誰でも無理なく楽に長時間坐れるはずだ。胡座《あぐら》や半跏趺坐《はんかふざ》は片ヒザが床から浮き安定性が悪いし、腰も入れにくいため瞑想には向かない。安楽坐のほうがずっとよい。

◇やり方

①長坐で坐り右足をひきつけてカカトを左脚のつけ根に当てる。

②左足をひきつけて足の裏が右ヒザに軽くふれるようにする。土踏まずのカーブが右スネにフィットするように当てる。

③背筋を伸ばしアゴを引き両ヒザの上で印を結ぶ。親指と人差し指の先をくっつけて輪を

作り、残り三本の指は自然に伸ばす。両手とも同じ形を作って手の平を天井に向けてヒザの上にのせる。

長坐は両脚をそろえヒザを伸ばして床に坐った姿勢のこと。

②で外側の足の形は多少違ってもかまわない。楽に坐れることのほうが大切。

左右の骨格のバランスを崩さないために、日替わりで脚の組み方を左右反対にする。しかし吉祥坐や蓮華坐ほど神経質になる必要はないだろう。

この坐法は後に紹介する吉祥坐や蓮華坐と比べ少し腰が入りにくい。上体をほんの少し前方に傾け重心を前にもってくると安定するだろう。

図 6-4

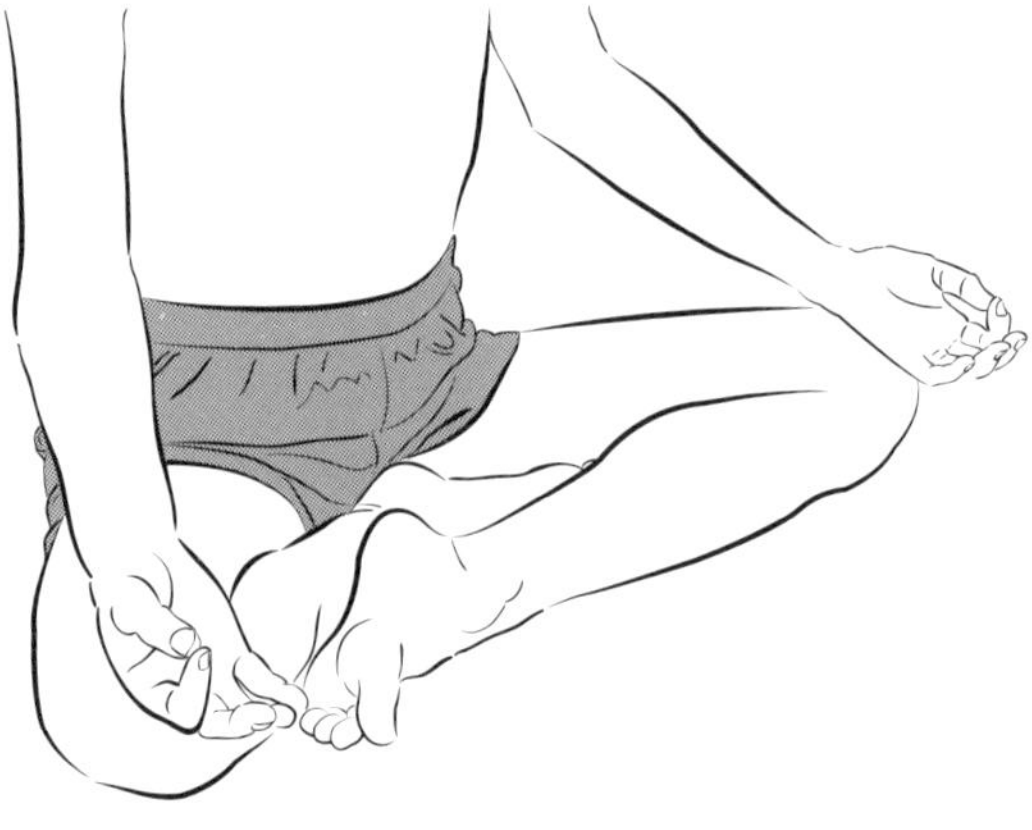

○吉祥坐…長時間の瞑想に向く中級者向けの坐り方

（図6－5－A、図6－5－B、図6－5－C）

蓮華坐より簡単で、腰がしっかり入り安定性が高く足もしびれにくいので長時間坐れる。とてもよい坐法だと思うのだが、蓮華坐にくらべるとほとんど知られていない。

本書の吉祥坐の原題はスヴァスティカ・アーサナと言い、スヴァスティカは卍《まんじ》のことで、卍は幸福や幸運とその兆しを意味するシンボルと言われる。

坐禅では二通りある蓮華坐の脚の組み方に、それぞれ吉祥坐・降魔《ごうま》坐《ざ》という名前をつけているようだ。しかし本書の吉祥坐はそれとはまったく別の坐法だ。なお吉祥坐にも二通りの脚の組み方がある。

◇やり方

①床に坐り右脚を曲げ、ふくらはぎと太モモの裏の肉で左足のつま先を挟む。このとき左足の親指だけが、外から見えるように出しておく。

②曲げた左脚の隙間に右手を差し込み、右足の親指をつかんで引っ張りあげる。これにより右足は左足同様に、左脚の裏で挟み込んだ形になる。左足と同様に右足の親指だけが外に顔を出すようにする。残りの指はヒザ裏で挟み込まれている。両ヒザが床につく。

③背筋を伸ばしアゴを引き、両ヒザの上で印を結ぶ。安楽坐とやり方は同じ。

骨格の左右のバランスを保つために、足の組み方を日替わりで左右反対にする。ヒザの裏につま先を挟み込む深さと位置にコツがある。練習してみてほしい。

図 6-5-A

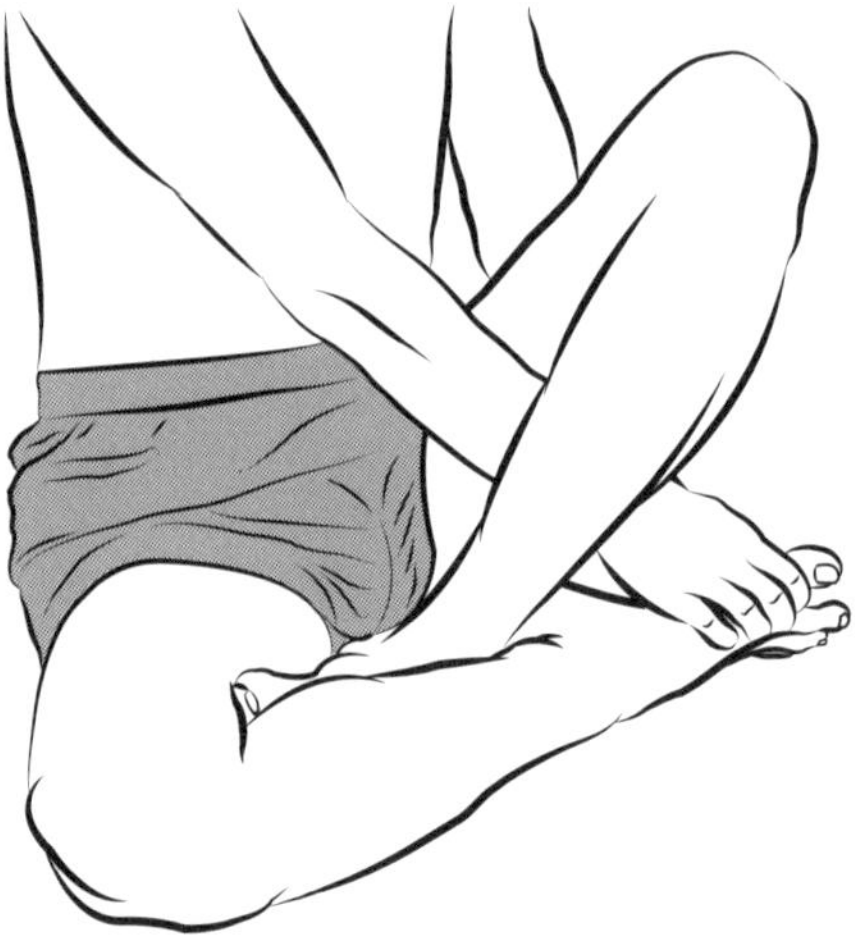

図 6-5-B

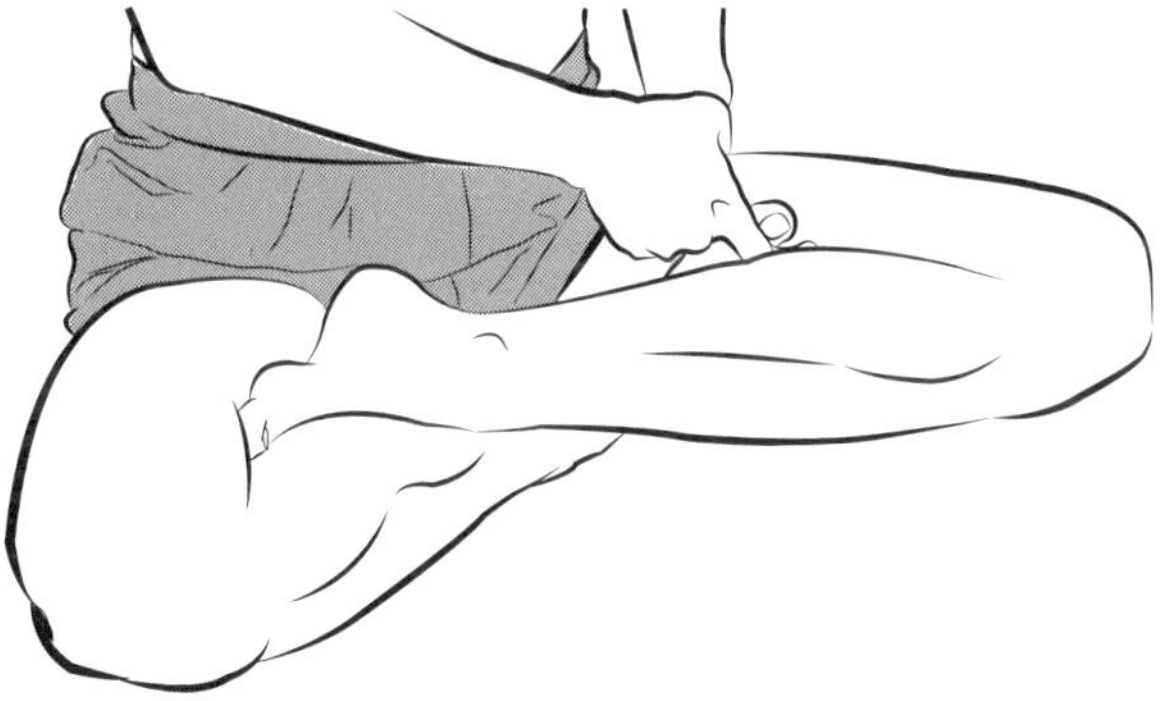

図 6-5-C

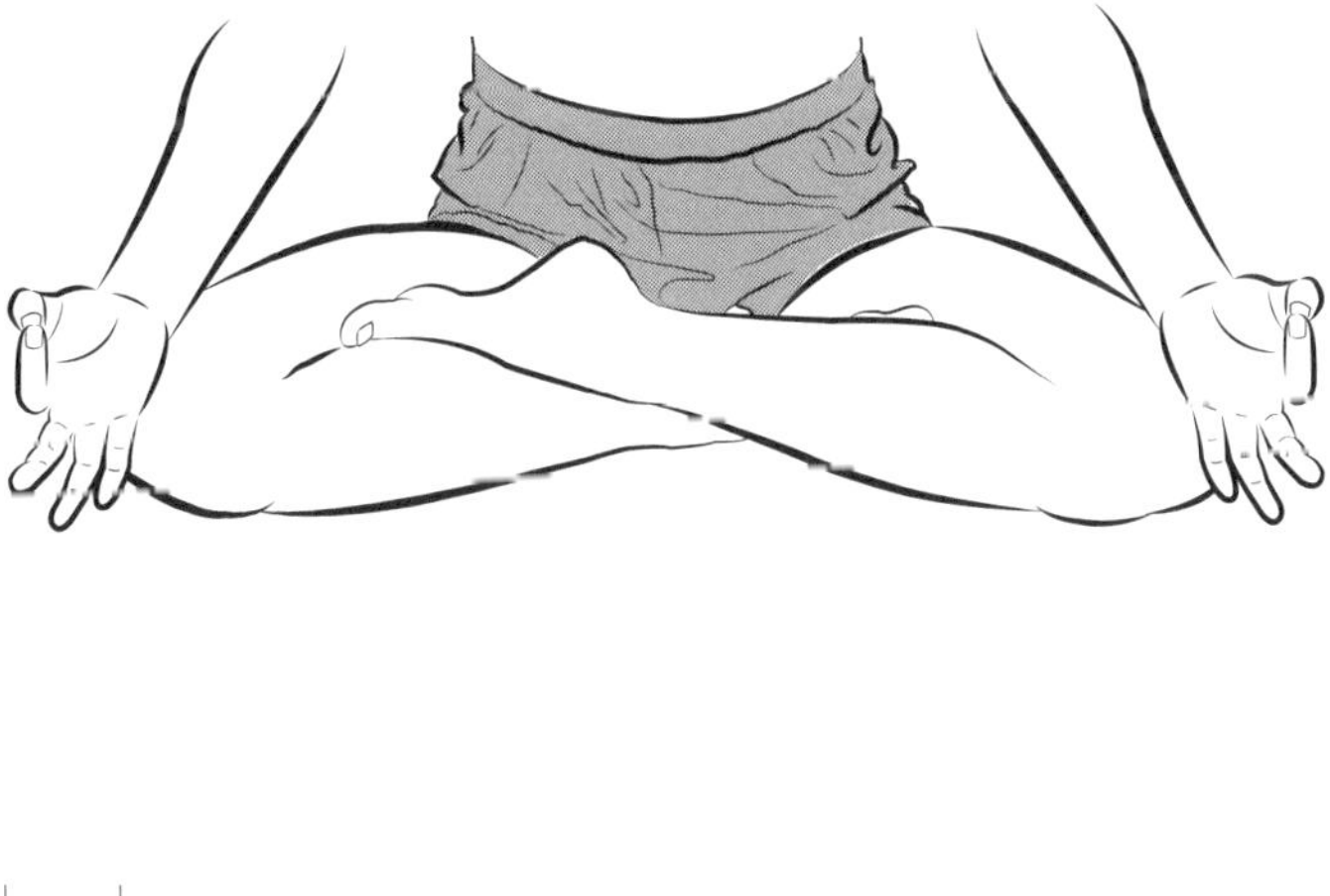

○蓮華坐…上級者向けだが瞑想には最適な坐り方

（図６－６－Ａ、図６－６－Ｂ）

初心者には困難という点を除けば、瞑想法や周天法を行うのに最も適した坐法だろう。半ば自動的に腰を入れて坐るしかない姿勢だ。腰を落とすと足が痛くなってしまう。それから歩き疲れたとき蓮華坐で数分間坐ると、すぐに脚の疲れがとれる。

この坐法の原題はパドマ・アーサナと言う。パドマは蓮華という意味だ。結跏趺坐《けっかふざ》とも呼ばれる。

◇やり方

①長坐で坐る。

②両手で左足先をかかえてひきつけて、右ヒザの付け根にのせる。

③両手で右足先をかかえてひきつけて、左ヒザの付け根にのせる。このとき両ヒザが床に接していること。

④両手の指で印をつくりヒザの上にのせる。

⑤背筋を伸ばしアゴを引きヒザの上で印を結ぶ。安楽坐とやり方は同じ。

図 6-6-A

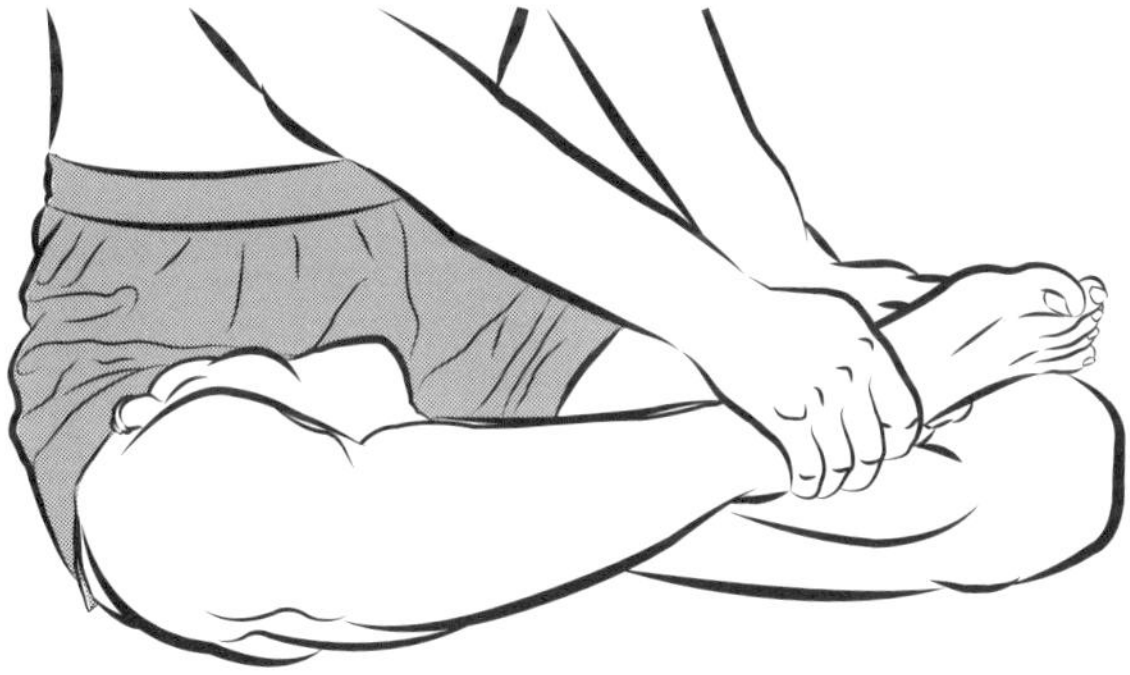

図 6-6-B

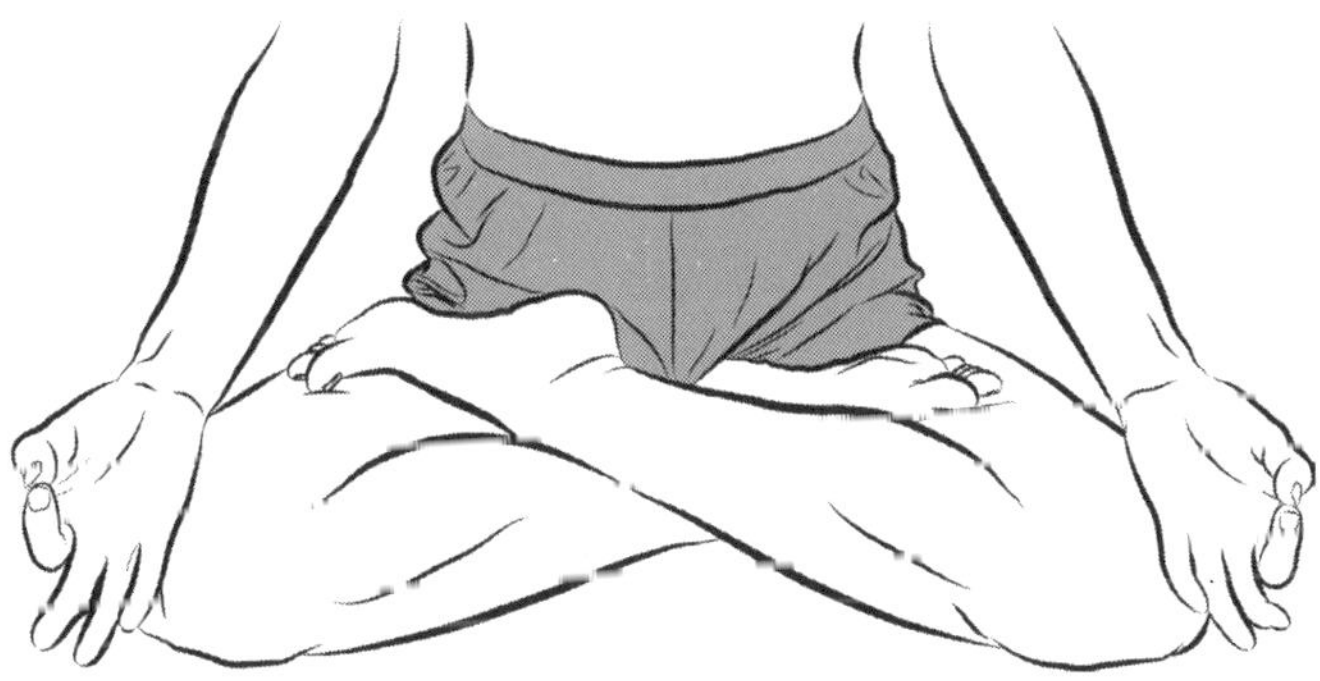

両ヒザが床に接しないときは、接するように浅めに足を組む。また尾骨の下に座布団などを敷いて腰を少し持ち上げてやるとよい。ただし持ち上げる高さは二～三センチまでとし、それ以上高くしようとしてはいけない。股関節を痛める恐れがある。最終的には座布団を使わないで済む体を作ろう。

足の組み方を日替わりで左右反対にすること。長時間坐るときは途中で足を組み変える。この坐法は誰でも組みやすい側と組みにくい側があるが、いつも組みやすい側でのみ坐っていると、足首・股関節・骨盤に歪みが生じ腰痛になったりする。しかもとても治しにくい。誤った努力の代償は痛く高くつく。

蓮華坐はヨガ体操で足首やヒザ関節を柔軟にしつつ、スラッとした細い脚を作りながらマスターしていくべきもので、そういう知識と実習なしにこの坐法だけ続けてもやがて後悔することになるだろう。その前に原因にすら気づかないかもしれないが。

様々な印の結び方

瞑想のときは手と指で形を作る。これを「印を結ぶ」と言う。力を入れず指先と指先が軽くふれあっている状態にする。瞑想状態での気の流れが指に反映され、指先に力を入れてしまったり、指が離れてしまったりする。またそれによって意識にも微妙な変化が起きる。常に軽くふれあっている状態を保つ。四種類のやり方を紹介するが、この中からお好みのものを選ぼう。

ただしやり方2〜4を好む人は、腹筋が弱すぎないか注意したほうがいい。腹筋が弱いと長時間坐れないのだが、両腕を中央に集めそれを柱として上体を支えていたりする。真ん中で印を組むことが悪いわけではないが、腕で上体を支えることになっているなら、あまりよい坐り方とは言えないだろう。

◇やり方1（図6－7）

親指と人差し指の先をくっつけて輪を作り、残り三本の指は自然に伸ばす。両手とも同じ形を作って手の平を天井に向けてヒザの上にのせる。ヨ

図 6-7

ガの瞑想ではこれが定番。吉祥坐、蓮華坐、安楽坐に適する。坐法が完成前でヒザが床から少し浮いている場合、ヒザに手を置くことでヒザを床につける働きもある。椅子坐でマタが広く開き気味な人にもこれがよいと思うが、閉じ気味な人にはやり方2〜4のほうがよいだろう。

◇やり方2（図6－8）

親指以外の四本の指をそろえ、一方の手の平にもう一方の指を重ねる。両手の親指の先をくっつけて輪を作る。両手を中央の太モモのつけ根に置く。坐禅でよく使われる方法。

◇やり方3（図6－9）

親指と人差し指の先をくっつけて輪を作り、双方の輪を鎖のようにかみ合わせる。残りの指はそろえて「やり方2」と同様に重ねる。両手を中央の太モモのつけ根に置く。

◇やり方4（図6－10）

親指と人差し指の先をくっつけて輪を作り、両方の人差し指をふれあわせて輪を並べ、残りの指はそろえてやり方2と同様に重ねる。両手を中央の太モモのつけ根に置く。

図 6-8

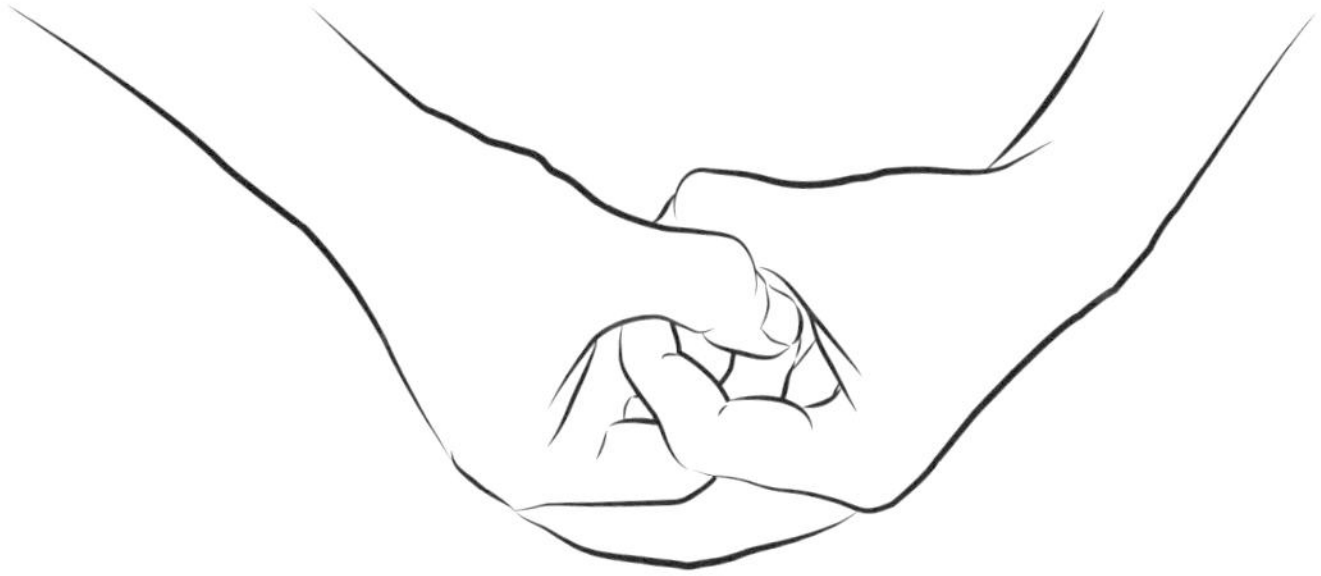

図 6-9

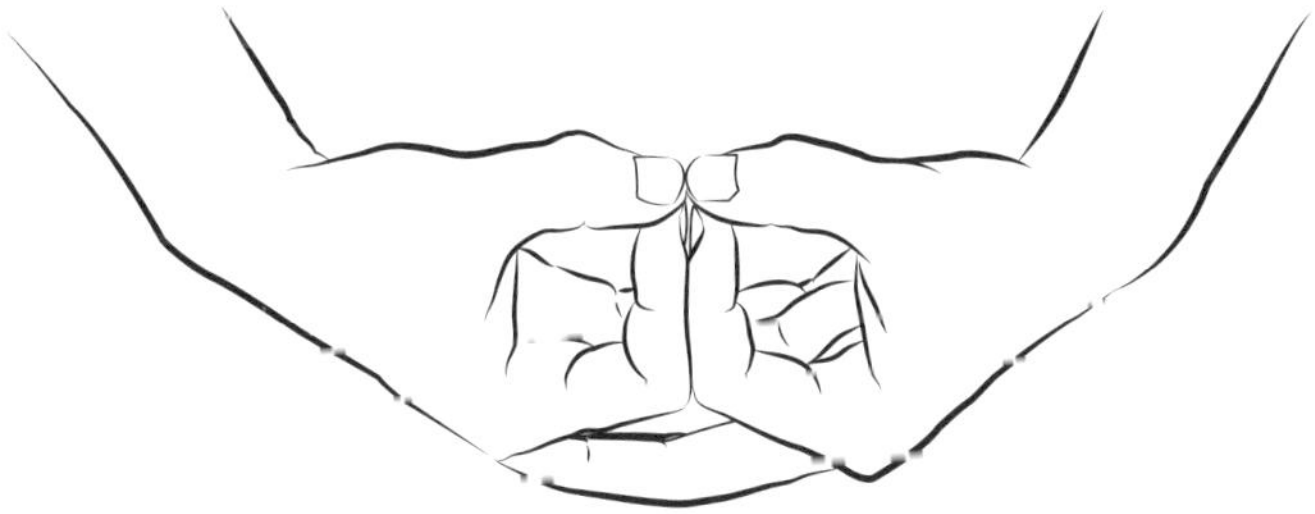

図 6-10

第7章
呼吸法

……離脱に向け、心身ともによりよい条件に整える

呼吸と意識には密接な関係がある

ゆったりくつろいでいるときの呼吸は深く遅い。緊張しているときの呼吸は浅く速い。呼吸は意識的にコントロールすることもできる。

意図的に呼吸の速度や深さ、呼気と吸気の比率などを変えてやることで、心身の状態を変化させることもできる。取り乱して興奮している人に深呼吸を促すのはこのような訳あってのことだ。呼吸は心の動きと密接に結びついている。

これまでに紹介してきた光体法、弛緩法、瞑想法を行うとき、その最初に呼吸法を行うとよりリラックスできる。数分程度行えば心身ともによりよい条件が整うだろう。

坐って呼吸法を行うことは呼吸に集中する瞑想法とも言えて、心身を静止させるテクニックの一つと見なせる。

次章では幽体の筋トレに相当する周天法というメソッドを紹介するが、そのときにも本章で説明する呼吸法を使う。

呼吸法の諸注意

呼吸法は体内にたくさんの空気を取り入れるので、空気の汚れた場所ではやめておこう。呼吸法の前には部屋の空気を入れ換えよう。

呼吸は入れるときも出すときも鼻で行う。風邪や花粉症で鼻が詰まっているときは口で呼吸するしかないが、鼻に病気があるのなら呼吸法よりも先にそれを治そう。後述する「鼻うがい」をすると、軽度の鼻詰まりならすぐに改善する。

呼吸法は睡眠前にかかわらずいつ行ってもかまわない。坐って行っても仰臥位で行ってもよい。それは周天法のときも同じだ。やりやすさという点では坐ったほうがより楽にできるし効果的だが、幽体離脱のときは仰臥位で行うことになる。呼吸法を最初に実践するときは坐った姿勢で行おう。

喫煙の習慣は呼吸法には大敵だ。ただしごく少量の喫煙であれば、大きな問題にはならないと思う。喫煙していると胸椎周辺の筋肉が固くなり、日常的に浅い呼吸になってしまう。また呼吸法で深い呼吸を続けることも難しくなる。逆にいえば、胸椎や肋骨周辺の筋肉を十分にストレッチしてほぐしてやれば深い呼吸ができる。

四対二の呼吸法

◇やり方

心の中で1、2、3、4と四つ数えながら息を入れ、その状態で息を止め1、2と数える。1、2、3、4と四つ数えながら息を出し、その状態で息を止め1、2と数える。これを繰り返す。比率さえ同じなら数える数はいくつでもかまわない。

腹式呼吸で鼻から呼吸する。音を立てないように静かに息を入れる。一息を細く長くして肺一杯に空気を満たす。一息吸いきるのに約十秒かける。肺の空気が満杯になるにつれて、息の流れは遅くなっていく。

もうこれ以上は吸い続けられなくなったら、その状態で静止する。このときノドは開いたまま保つ。水中に潜るときはノドを閉め、息を止めるが、この呼吸法ではノドを動かさない。息の流れが止まった状態を約五秒維持したあと静かに息を出していく。入れたときと同じ時間をかけて息を出す。肺の空気がからになるにつれて、息の流れは遅くなっていく。

息を出しきったらその状態でノドを開いたまま静止する。その状態を約五秒維持したあと再び吸気に転じる。

以上のプロセスを数回、あるいは好きなだけ繰り返す。

呼吸法を行うのが初めてなら無理はしないでほしい。十秒対五秒というのは目安であって、比率が同じならもっと短い周期でもかまわない。ゆっくりした呼吸を繰り返しても苦しくならないことを条件に、呼吸の深さを調節しよう。

規則正しい呼吸を繰り返していると、聴覚が鋭敏になってくるのに気がつくだろう。それまで気づかずにいた時計の秒針の音などが聞こえてきたりする。呼吸法は意識をシャープにする。

秒針の音を数えることで呼吸のリズムをとるのはよい方法だ。だが、あまり数に神経質になりすぎてはいけない。肉体は時計ではないのだから、ある程度の呼吸比率のゆらぎは容認する。

何日か呼吸法を続けて体が慣れてきたら、呼吸の速度を遅くしていく。十二秒対六秒にするのは多分簡単だろう。十六秒対八秒は若い人には簡単かもしれないが、中年には苦しいかもしれない。ヨガ体操も続けながら練習していくと三十秒対十五秒くらいはできるようになる。

片鼻呼吸

呼吸法に慣れてきたら、より本格的なやり方をやってみよう。片鼻呼吸法はヨガでは広く行われている方法で、指で片方の鼻の穴をふさぎ、左右交互に呼吸をする方法だ。

二つの鼻孔は鼻腔内では一つにつながっていて、空気が気管を通るときにはひとまとまりの流れになる。交互にふさぎながら呼吸することになんの意味があるのかと思ってしまうかもしれない。

しかしヨガが呼吸法で取り込もうとしているのは、空気中に含まれるプラーナと呼ばれる「気」のほうだ。「気」は幽体の食料だ。幽体における鼻の構造は肉体のそれとは構造が異なる。幽体においては、左右の鼻はそれぞれ独立したチューブの中を通り、幽体の内臓に相当するチャクラに接続されていると言われる（図7－1）。

左右どちらのチューブにも均等にプラーナを流し、幽体レベルで呼吸のアンバランスを是正するわけだ。

◇やり方

片鼻呼吸は床か椅子に坐って行う。吸息と止息の比率はこれまでどおり四対二で同じ。

右手の人差し指の先を額の真ん中につける。親指は鼻の右側、中指は鼻の左側を押さえるのに使う（図7－2）。

①親指で鼻を側面から押さえ右鼻孔を閉じ左鼻孔は開く。息を入れ、吸いきったら中指で鼻を側面から押さえ左鼻孔を閉じ、両鼻孔を閉じた状態で息を止める。

②親指を離し息を出す。出しきったら親指で右鼻孔を閉じ、両鼻孔を閉じた状態で息を止める。

③親指を離し息を入れ、吸いきったら

図 7-1

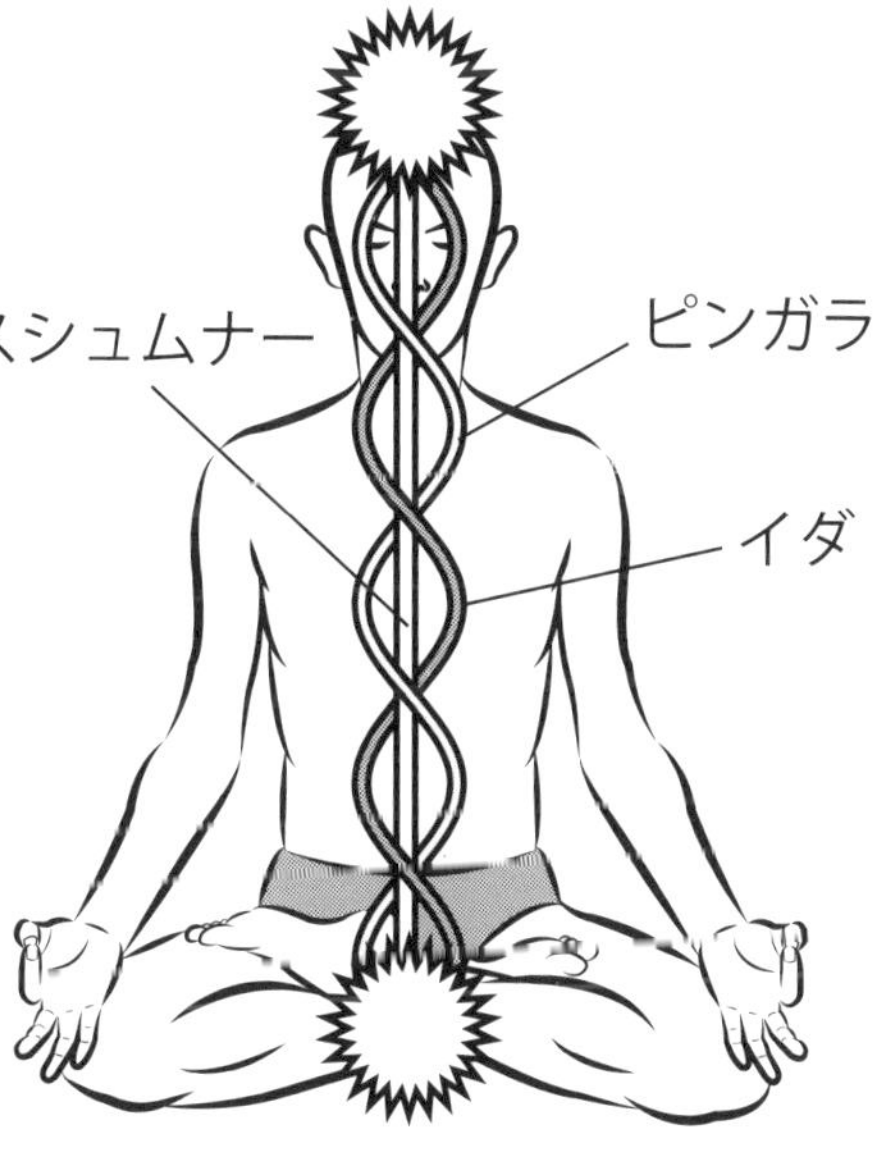

右鼻孔を閉じ、両鼻孔を閉じた状態で息を止める。
④中指を離し息を出し、出しきったら左鼻孔を閉じ、両鼻孔を閉じた状態で息を止める。
⑤以上をワンセットとして①から繰り返す。

鼻うがい

呼吸法は鼻が詰まっていては満足にできない。慢性的に口から呼吸していると健康にも悪い。鼻うがいは鼻から塩水を流し込んで鼻腔を洗浄する方法で民間療法の一つ。またヨガでも実践されている。真水を流し込むとツーンとした痛みに襲

図 7-2

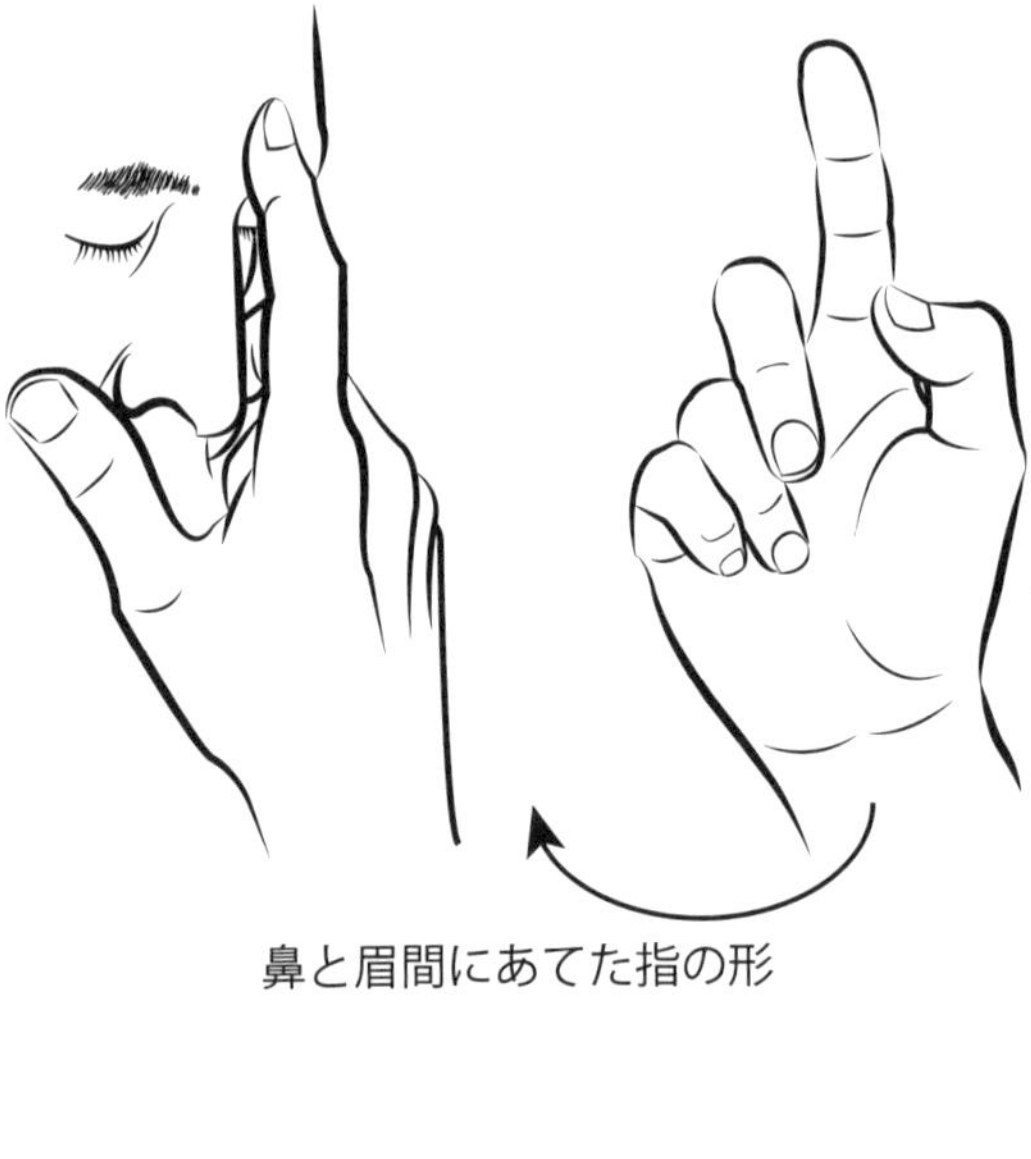

鼻と眉間にあてた指の形

われるが、適度な濃度の塩水なら痛みはゼロ。鼻水がいくら出ても鼻腔が痛くならないのは塩分を含んでいるからだ。

花粉症で鼻水が止まらないとき鼻うがいをすると症状はすぐに改善する。風邪の予防にもなるし風邪の治りも早くなる。

刺激性のある薬品が手につけばすぐに洗い流そうとするだろう。鼻腔もその点同じであるはずなのだが、その習慣があまり知られていない。汚れたままにして悪化させてしまう。

アレルギーを起こす物質を洗い流してしまえば、再びそれが入ってくるまでの間は症状が消える。鼻腔内で繁殖する雑菌の洗浄にもなる。花粉症の人は外から帰ってきたら、うがい同様習慣的にこれをするとよいだろう。鼻腔粘膜が健全になれば、アレルギー症状にも大きな差が出る。

◇必要な道具

鼻腔に水を流し込むには専用の道具が必要だ。ネットで「鼻洗浄器」で検索すると色々な製品が見つかる。薬局で取り寄せることもできる。

このときポンプ式になっていて圧をかけて水を押し出せる品を選ぼう。急須のように注ぎ込むだけの品は使いにくい。それだと鼻が詰まっているときに流し込めず、一番必要なときに使えないことになる。
鼻うがいに使う器具は清潔に保つこと。使い終わったらよく洗い乾燥させる。

◇塩水を用意する

鼻うがいには清潔な水を使うこと。間違えても井戸水や殺菌されていない天然水を使ってはいけない。飲料水としては無問題でも鼻腔に入ると危険な微生物がいる可能性がある。私は二十年以上、湯沸かし器を通した水道水を使ってきたが、今のところ問題が起きたことはない。日本の水道水ならまず問題はないと思うが、手間をいとわなければ煮沸した湯冷ましの水を使うほうが安全ではある。

ただし湯冷ましの水も清潔な容器に保管し、その日のうちに使い切ること（生卵や刺身を食べても食中毒で死ぬことがあるわけで、極端に神経質になるとなにもできなくなってしまうのだが、最近、米国で鼻うがいによるアメーバ感染で死亡事故があったので念のため注意喚起はしておく）。

水温三七℃のぬるま湯六〇〇ミリリットルに塩を五グラム（小さじ一）入れる。塩は粗塩か天然塩がよいだろう。味見して味噌汁より少し薄めの塩加減にする。生理食塩水（水に対して塩〇・九％）が最適と言われるが、少しくらい塩加減が違っても真水の痛さに比べればなんでもない。塩が足りないか多すぎるかは体感的にすぐにわかるので塩を加減する。分量よりも舌で覚えておくほうが、手間がはぶけるし確実だ。水温は熱くもなく冷たくもなければそれでよい。

◇やり方

①洗面台で腰を曲げ顔は正面を向く。顔を少し右に傾けて、左の鼻孔から塩水を流し込み右の鼻孔から出す。
②正面を向き、左の鼻孔から流し込み口から出す。このとき舌を少し出すのがコツ。
③右側の鼻孔も同様に行う。終わったら鼻をやさしくかむ。

慣れないうちはあたりを水浸しにしかねないので風呂場で行うとよい。慣れたら洗面台で簡単にできる。

慢性鼻炎を治すとき重症の人はなかなか鼻腔の奥が完全に治りきらない。一見治ったように思えても気を抜くとぶり返すのでしつこく繰り返すこと。

私はひどい慢性鼻炎を十年間わずらっていた。病院の薬は一時しのぎにしかならなかった。薬を使うことをやめて、鼻うがいを毎日続けて二年かけて治した。最初は鼻うがいの後、鼻をかむと必ず血がまじっていたが気にせず続けた。

症状がひどいときは一日に何度でも、「これでもか」というくらい洗浄する。だからおっくうにならないように、使いやすい道具を持っているべきだ。四カ月目には症状は大きく改善し、血も出なくなり鼻詰まりは完全に消えたが時々ぶり返すことがあった。一年後には完全に治ったと感じたが、念のためさらに一年続けた。

それからこの方法に加えビタミンB_2が劇的に効いた。即効性はないが、しばらく飲み続けると効果が現れる。しかしこれは個人差があるかもしれない。B_2は粘膜の保護に効くビタミンと言われる。

慢性鼻炎は治さなくても痛くないので放置してしまいやすい。早めに手を打てば、私のように二年もかける必要はないはずだ。

本書読者の対象外だが、子供は耳管が短く鼻うがいのとき水が入りやすく中耳炎になる危険性があると言われる。

第8章

周天法

…幽体離脱できる体質をつくる

周天法は幽体の筋トレ

幽体離脱を意図的に行うためには元気（強い）な幽体が必要だ。周天法は幽体を鍛え幽体離脱ができる体質を作る。

肉体の強健さは先天的な要素も大きいが、それと同様に生まれつき強い幽体をもっている人もいる。そういう人々は光体法だけで体脱できるだろう。しかし普通の人でもこのメソッドを実践すれば強い幽体を作ることができる。

周天法は光の帯状の流れを視覚化し、肉体の周囲を呼吸のサイクルに合わせてぐるぐると回流させるというものだ。心の視野にプラズマ状の光り輝く流れが肉体を取り巻く様を視覚化する。

光体法と同様にこのメソッドもそのような様を思い描くところから始まるが、修練を積むにつれてそれは本物となり、暖かく圧のあるお湯のような流れとしてエネルギーが回流することを体感するようになる。そのとき性的エクスタシーを伴うこともある。

周天法は幽体離脱を誘発させるメソッドではないが、光体法のセットアップを行うときに、周天法を応用して光体法の効力を高めることができる。

かなりの期間光体法を実践しているにもかかわらず、なかなか成功しない人にこのメソッドを勧めると、だいたいすぐに成功したという報告が返ってくる。光体法の前に周天法で身体改造ならぬ幽体改造を行うことが望ましい。急がば回れだ。

なお光体法の実践に取りかかる前に、呼吸法をマスターしている必要がある。周天法は呼吸法でもあるので汚れた空気の中ではやめておこう。

幽体上のエネルギー流入点に光球を形成する

◯姿勢と光球を作る場所

周天法は坐って行うものだが、幽体離脱のときは仰臥位で行うことになる。坐って行うときは、坐法の中から好みのものを選んでほしい。

最初のステップは、頭頂・胸・足下に太陽のように輝く光球を視覚化によって形成する。このとき足下の光球だけは姿勢によって形成する位置が変わる。仰臥位なら足下、椅子坐なら尾骨からまっすぐ床に降ろした位置に、床に腰を下ろした姿勢なら尾骨の真下に作る。

頭頂と足下の光球は皮膚から少し離した位置に作る。五センチから一〇センチくらい離すのがよいが、体感的に適切と思える位置を探ったほうがよい。三つ目の光球は胸のみぞおちの位置に作る。この光球は肉体の内部に位置することになるが、背骨の手前の位置に形成する。最初は光球を視覚化しているだけだが、修練を積むにつれて、それは想像上の産物ではなくなり、リアルに体感可能な実在となる。

頭頂と足下の二つの光球からある種の生命的なエネルギーが流出し幽体の周囲をかけめぐる。この二つの光球は電極のようなものだと思えばイメージしやすいかもしれない。胸の光球は中継点だ。

○光球形成：熱と振動を感じよう

仰臥するか坐ったら、弛緩法と呼吸法を行い雑念を払う。

まず頭頂の光球を視覚化する。光球の大きさはソフトボールくらいの大きさが適当だろう。自分の感覚で適当に調節してかまわない。純白や銀白色のまばゆいフレアを放つ球を思い描く。そしてこの光球が熱を放ち、微細に振動している様を視覚化する。積極的に光球を作り出しつつも、それが実在し熱と振動を放っているのを感じ取ろう。

光球に注意を向けて、その光球の中に自分が小さくなって入り込み、そこに住んでいるように思い込む。このとき自分の意識の重心は、頭頂の光球の位置に移動する。その位置に自己を保ち、白い光の中で熱と振動を感じよう。

頭頂の光球ができたら、次は足下、その次は胸という順番で作る。

足下の光球は作るのがずっと難しい。視覚化してもイメージがおぼろげで手応えに乏しく感じるかもしれない。そのときは光球の色を変えてみよう。足下の光球は夕陽のようなオレンジ色、胸なら昼間の太陽のような黄色が基本だ。または心の視野に光球がどのように映るか、感受的に観察して決めるというのもよい方法だ。これは頭・胸・足、どの光球についても言える。基本は白色でも、自己観察してみればなにか違って見えるのはよくあることだ。赤に見えたり、複数の色彩が渦巻いたりして見えるかもしれない。形すら球形ではなく、花のような姿をしているかもしれない。この場合、手応えを感じた形こそが真実だ。

短い時間でもよいから毎日視覚化を続け、光球がありありと感じられるようにする。眠る前に布団の中で実践するのでもよい。光球が実体化したと感じられるようになるには半月から ひと月くらいかかるだろう。これがうまくできているほど、あとのステップもやりやすくなる。

光球からエネルギーを引き入れる

光球の形成が十分にできたら、そこからエネルギーを引き入れ全身を回流させる。それも光球形成と同様、視覚化によって行うが、呼吸もそれに同期させて行うのが光体法の特徴だ。光の帯が水流のように流れて全身を駆け巡る様子を視覚化する。

いつもどおり坐り、または仰臥し、弛緩法と呼吸法を行う。十分に呼吸と意識が調律され安定したら、頭頂、足下、胸の三つの光球を視覚化する。

○上下の回流（図8－1）

頭頂の光球に意識を向け、息を入れ始めると頭頂の光球から光の帯が出て、まっすぐに下に落ち胸の光球に達する。滝から落ちる水流のような白い光の流れを視覚化する。胸と腹には「気」が満ちる。

このとき背骨そのものに光を流そうとし

図 8-1

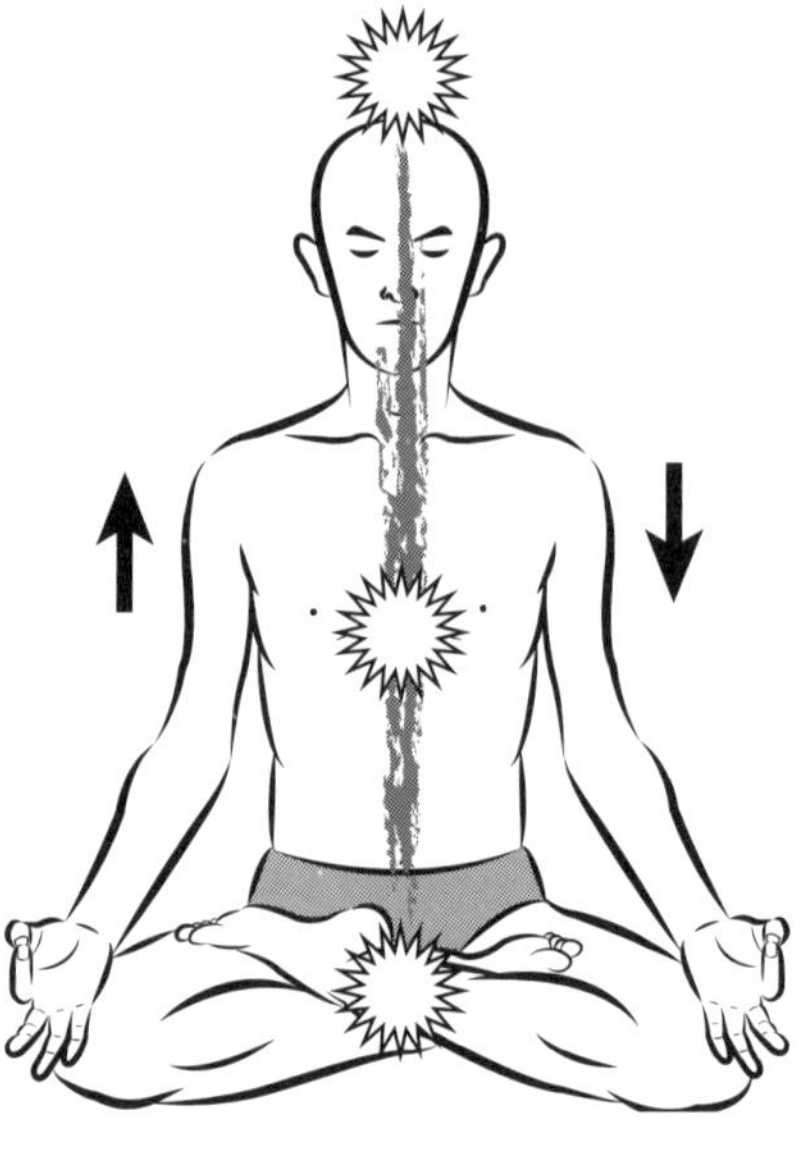

ないこと。少しずらした位置に流すのが望ましい。背骨には脳からのすべての神経が集まっているので、これに直接集中するのは野蛮な方法だとされる。「気」の力に過敏な体質の人は問題を引き起こすことがある。息を吸いきったらしばらく呼吸を止める。呼吸法と同じ要領だ。

次に息を出し始めると胸の光球から光の帯が出て、足下の光球に落ちて行く。息を出しきったら呼吸を止める。

今度は足下から頭頂に向けて流すサイクルに転じる。息を入れ始めると、足下の光球から光の帯が出て胸の光球まで上昇する。吸いきったところで呼吸を止める。胸の光球に意識を向ける。

再び息を出し始めると、胸の光球から光の帯が頭頂の光球に向けて上昇する。息を出しきったら呼吸を止めて頭頂の光球に意識を向ける。

これをワンセットとして数回もしくは好きなだけこのプロセスを繰り返す。光の流れを視覚化するとき、温かいお湯が流れるような感触を視覚化で再現するとよいだろう。

最初、呼吸は無視して、光の帯の視覚化のみに専念するとよいだろう。慣れたらそれに呼吸を合わせてやる。

呼吸法で呼吸が調律され、深く規則正しい呼吸が継続している状態になったら、呼吸は肉体にまかせる。そして呼吸を観察しながらそれに合わせて光の流れを視覚化する。意図的に呼吸や光の帯を動かさなくても、半ば自動化されたように、呼吸と光の回流が継続するようになる。能動的に始めた行為が受動に転じ、いつのまにか回流するエネルギーを知覚している。それは視覚化によって擬似的に作ったものではなくなっている。呼吸とともに大きな力が体の中に流れ込んでくる。それは光球から引き入れられた生けるエネルギーだ。これは「そんな気がした」などという曖昧なものではなく、疑うことなどできない現実だ。

この段階に達するためには、数カ月くらいかかるかもしれないが、継続していれば成果の実感に乏しくても幽体は鍛えられていく。やがて幽体離脱しなくても、幽体の感覚がわかるようになってくる。

たとえば床に仰臥し十分に弛緩したら、背骨を軸に体を回転させるように、体を左右に揺さぶる。もちろん肉体を動かすわけではなく、肉体感覚でそのような様子を再現させるようなつもりで行う。すると幽体がフワフワゆれるのがわかるだろう。

周天法のエネルギーの回流法はあと三つある。先に進む前にここまで述べた上下の回流をしばらく続けてほしい。やり方を覚え、十分に板についてから先に進もう。

○前後の回流（図8－2）

上下の回流をマスターしたら、次は肉体の前面と背面にそってエネルギーを回流させる。

前後の回流は光体法に応用できる。

上下の回流を数回行った後で前後の回流に着手する。上下の回流は体の中を通したが、前後の回流は肉体の輪郭を越えて広がっている卵型の幽体の表面を通すように行い、光の帯は肉体には接触させない。光の帯をどれくらい肉体から離すかは、お好み次第だが目安としては十～四十センチくらい。自分が最適と思える大きさを体感的につかんでほしい。

頭頂の光球に意識を向け、息を入れるとともに光球から光の帯が降りてきて、体の前面を通って足下の光球に流れていく。胸の光球は経由しない。息を出しきったら呼吸を止める。

再び息をゆっくり入れるとともに、足下

図 8-2

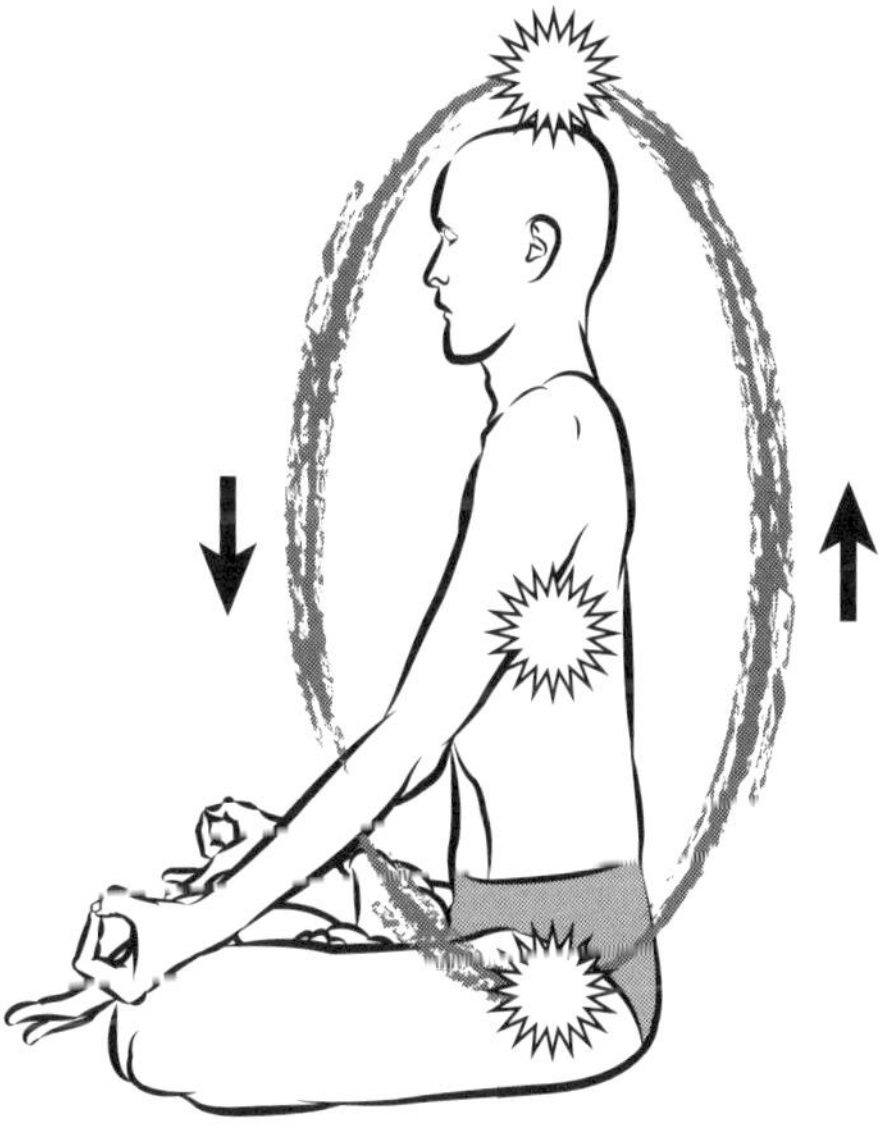

の光球から光の帯が上昇し、体の背面を通って頭頂の光球に向かって流れていく。胸の光球は経由しない。息を吸いきったら呼吸を止める。

これをワンセットとして繰り返す。

回数は、上下の回流と同じにする。慣れてきたら前後の回流だけにしてもかまわない。この回流法も何日かけて、十分に板につくまで練習したら次のステップに進もう。

○左右の回流（図8－3）

やり方は前後の回流と同じで、エネルギーを流すコースが異なるだけだ。

頭頂の光球に意識を向け、息を入れるとともに光球から光の帯を出し、それを体の左側面を流す。光の帯は足下の光球に達す

図 8-3

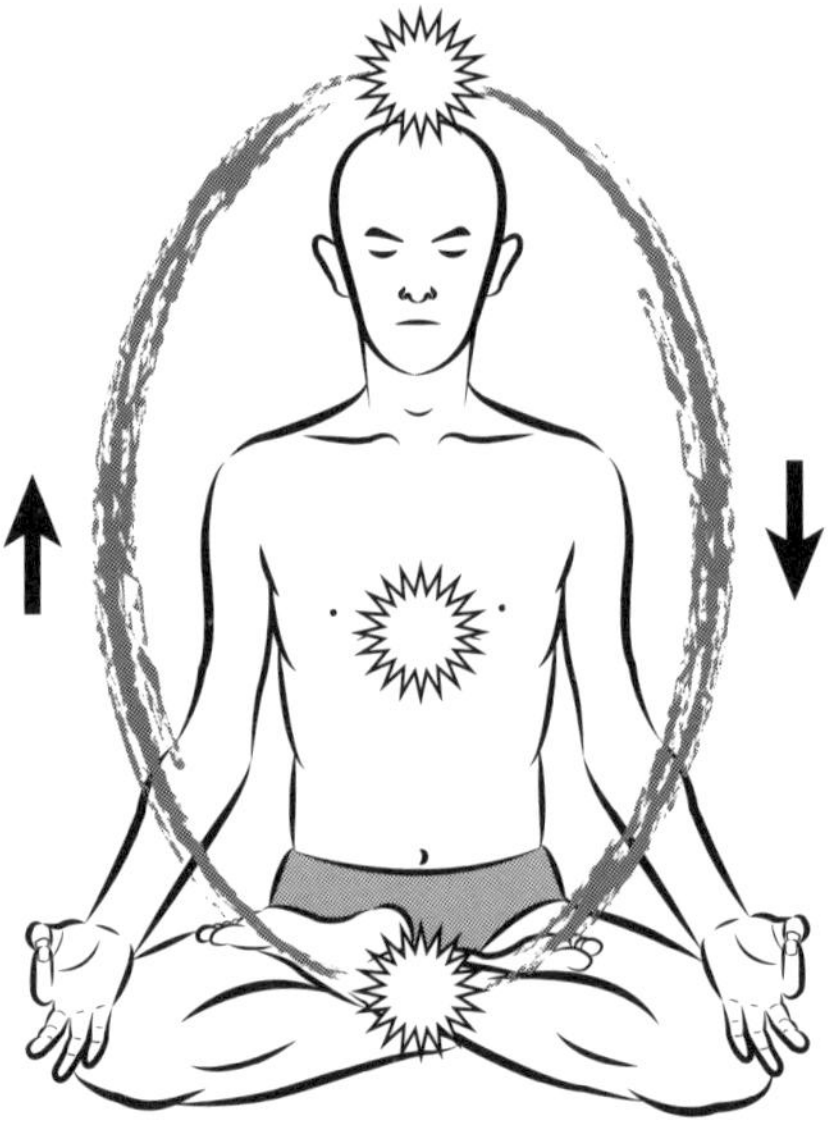

る。息を出しきったら呼吸を止め、足下の光球に意識を向ける。

再び息を入れ始めると足下の光球から光の帯が出て、体の右側面を流れて頭頂の光球にまで上昇する。息を吸いきったら呼吸を止める。これをワンセットとして繰り返す。

○螺旋の回流 （図8－4）

頭頂の光球に意識を向け、息を入れつつ光の帯を出し、頭頂から見て背骨を軸にして反時計回りに巻きつける。光の帯は自分の体の周りを数回まわって足下の光球に達する。息を出しきったら呼吸を止め、足下の光球に意識を向ける。

図8-4

再び息を入れ始めると足下の光球から光の帯が出て、体を巻きながら頭頂の光球まで上昇する。巻き付ける向きは同じく頭頂から見て背骨を軸にして反時計まわりにする（茶筒にリボンを巻きつける様子を想像してほしい。上から底に向けてリボンを巻いていき、底に達したら再び上に向けて巻いていくが、同じ向きにリボンを巻かないとリボンはほどけてしまう。ほどけないように巻きつけるということだ）。息を吸いきったら呼吸を止める。これをワンセットとして繰り返す。

なお複数の回流法を一度に行うときは、それぞれ同じ回数にするのが基本だ。慣れてきたら「もう限界」というところまで長時間集中してみよう。

周天法を光体法に応用しよう

◯光体法で失敗する理由

第2章で紹介した光体法は、誰でもすぐに試してみることができるように簡略化している。しかし方法が簡単なら簡単に離脱できるというわけでない。手続きは少し面倒でも成功率を高める方法がある。それは最初の光体法に周天法を応用することだ。

光体法で難しいのは意識の重心を光体に移動させ、そこで一定時間それを保持することだろう。一瞬動かすことはできても、すぐに肉体側に戻ってしまうように感じたのではあるまいか。スプリングでつながっている二つの物体を手で引き離しても、手を離すとすぐにもとに戻ってしまうような感じだ。

視覚化だけで光体を作っても、意識の重心をその中に保っていることは難しい。ではどうするかというと、自分の幽体の一部を光体のほうに少し移しておくことだ。幽体は液体的な体でもあって、引き延ばしたり、小分けにしたりすることができる。視覚化によって作りだした光体という鋳型に幽体の一部を流し込んだものを作る。このような「気」の繭を作り、その中に意識の重心を置くとその位置に長く留まらせることができる。

そのために周天法を応用する。これまで頭頂と足下の光球から引き入れたエネルギーを、幽体の全身に回流させていたが、今度は同じ要領で光体のほうにそれを流し込む。光体の立体像は引き入れたエネルギーの鋳型として機能し、光体は生気の宿った人形へと変化する。そのなかに意識の重心を移すと、いつもはすぐに戻ってしまうところを、いくらか時間を引き延ばすことができる。

○光体を周天法で賦活する

いきなり始めずに、以下の説明をよく読み、なにをするのかよく把握してから試みるといいだろう。

◇**やり方**

①体脱したら向こうの世界でなにをするか決める。いつもどおり仰臥し弛緩法を行う。そして周天法で上下の回流を行う。
②光体を上空に視覚化する。
③周天法の前後の回流を使って光体を賦活する。頭頂の光球に意識を向け息を入れ、吸いきったら息を止める。
④息を出しつつ、頭頂の光球から光の帯を出し、上空の光体の頭に入れる。帯は光体の中を通りその足下から抜け、肉体の足下の光球に入る。このとき意識の重心も帯の動きに合わせて移動させ、足下の光球に入ったら息を止める。
⑤息を入れつつ、足下の光球から光の帯を出し、肉体の背面を通して頭頂の光球に入れる。意識の重心も帯の動きに合わせて移動させ、頭頂の光球に入ったら息を止める。④から繰り返す。
数回、あるいは好きなだけこれを繰り返し、光体にエネルギーをチャージする。
⑥意識を足下の光球に向け、意識の重心も足下に移動させる。肉体の足下に自分が坐って

いて、眼前には横たわる肉体と光体が上空に浮いている様を視覚化する。

⑦地球の中心からエネルギーを汲み上げるようなつもりで、息を入れながら足下の光球から光の帯を出し、光体の足下から入れる。そのエネルギーの流れに乗って自らもジャンプし光体の中に入り込む。これで光体に自分が乗り移った。このとき光の帯は頭頂の光球に入れなくてよい。

光体に乗り移るとき足下から行くことに注目してほしい。ただ単純にまっすぐ意識の重心を上空に移動させるよりこのほうがうまくいく。ちょっとしたコツだ。

⑧今度は上空の光体からの視点で、肉体を見下ろしている様子を視覚化する。またこのとき自分は天井付近にいると実感できるように努める。重心が肉体に戻ってしまったら、何度でも足下に戻り⑦の要領で光体に入り直す。

⑨上空から肉体を見下ろしながら、光体の手足を動かしたり、自分の部屋を見回したり、あたかもすでに体脱状態であるかのように振る舞う。これは各自適当に工夫してほしい。

十分にこの儀式を行えたと思ったらセットアップ完了。体脱したら向こうの世界でなにをするか、もう一度、決意を確認しよう。その後、体を動かさないように姿勢を保ったまますみやかに眠りにつけばいい。眠りに落ちる直前に幽体離脱が起きる。

周天法がもたらすもの

幽体が鍛えられてくると肉体的にも精神的にも活力が高まってくる。若い人の場合は精力が上がりすぎるかもしれない。生き方に勢いがつくので、周囲をはらはらさせるような破天荒な行動に出ることもあるかもしれない。その人がもともと持っている資質・気質が強調されやすい。

中年以上の人だと、周天法によって精力が外に向かいにくくなり性欲が低くなる。しかしそれは活力が失われたというわけではなく、性エネルギーがセックスとは別の方面で働いているからだ。エネルギーは幽体の育成あるいはなんらかの創造的自己実現に向けて昇華される。セックスに多少なりとも飽きてきた人には思い当たるふしがあると思う。

周天法や光体法の効力を高める「禁欲」

ここで言う禁欲とは一定期間セックスやオナニーをひかえ精を漏らさないようにすることだ。それによって周天法の効能を高めることができる。これは男性のためのもので、女性には必要ないと私は思う。男性は精を溜めるが女性の体は溜めるようにはできていない。

精を溜めることは性エネルギーを溜めることとほとんど同義だが、性エネルギーと精液は別のものと考えたほうがよい。精液を溜めれば性エネルギーも溜まる。しかし精液は目に見えるが性エネルギーは目に見えない特殊な物質だ。精液は肉体側に蓄えられるが性エネルギーは幽体側に蓄えられると考えてもよいかもしれない。しかし性エネルギーは幽体よりもさらに高次の物質とも言われる。だが本書ではその霊学的な理論面については触れずその扱い方を中心に説明する。

○性エネルギーの働き

性エネルギーは人間の創造性や感情の活力と深く関係している。妄想やイマジネーションを働かせるエネルギーでもある。子供を作りたいという欲求や、様々な創作活動の欲求の源だ。性エネルギーは異性に向かって流れて行こうとするのが基本だが、実際のところありとあらゆる方向に向かう。性の対象が二次元の女性に向かったり、同性に向かったりする。まったく他者に興味がなくても、それが向かう先が、車であったり、スポーツであったりなんらかの創作活動に注がれていることもある。

性エネルギーは何にでも化ける。幽体離脱も性エネルギーが深く関与している。一定期間性エネルギーを蓄えてから試みると成功しやすい。これは外に向かうエネルギーが内に向かっていると言えるだろう。

また感情の躁と鬱とも大きく関係していて、慢性的な性エネルギーの低下は、人を感情的に落ち込ませ鬱にする。特にたいした理由もなく感情が沈みがちという人はそれを疑ってみるべきだろう。中年期の人々に多いと言われる鬱病は性エネルギーの低下と関係があるに違いない。

○有益な禁欲と有害な禁欲

二十歳前後の若い人々は性エネルギーをありあまるほどたくさんもっているので、それが欠乏気味になった状態というものを理解できないかもしれない。性エネルギーの扱いについて注意が必要になるのは、早くとも三十五歳、普通は四十二歳を過ぎたあたりからでよいと思う。中年期にさしかかり、精力の衰えを感じ始めた男性には禁欲は有益だ。とはいえこれは先天的な体質や、生活習慣や異性との交流の有無などから決まることなので個人差がとても大きい。

普通、三十五歳以下の人には禁欲は必要ない。むしろするべきではない。禁欲をするにしてもごく短期間にとどめておくべきだ。有り余るエネルギーを長期間せき止めると必ず暴発する。それが他人の迷惑になるかどうかは不定だが、その人をトチ狂わせ異常な行動に駆り立てるだろう。多くの場合そこまで行く前に耐えきれず禁欲をやめると思うが、中には一途で鋼の意志を貫くような人もいて（それも性エネルギーのなせる業なのだが）、やがては狂気のような結果を招くことになるだろう。

○自分に適切なサイクルを割り出そう

精を溜めていると日々の生活の中で否定想念（鬱や怒りの感情）に落ち込みにくくなる。しかし溜めすぎると体に毒素がたまったように疲れやすくなったり、慢性的な眠気に悩まされたりする。ダムの水門を管理するように適切に溜め、増えすぎたら放出すべきものだ。

ただし蓄えたエネルギーが自然に消費される分もあるから、需要と供給のバランスが差し引きゼロなら、性欲は消えバランスが維持される限り放出する必要はなくなるだろう。増えすぎた精液は古くなったものから分解され体内に吸収される。

目的もなく性エネルギーを溜めても毒になってしまう。性行為以外のことで昇華させるから禁欲の意味がある。しかしスポーツや肉体訓練に性エネルギーを振り向けてもあまり多くは消費されない。毎日ヘトヘトになるまで体を酷使しないと消費しきれない。またいくら溜めても、四六時中、妄想に耽っているなら、性エネルギーを浪費していることになる。創作活動や周天法で消費するのがよいと思う。

「周天法を始めてから性欲が消えた」という中年の人がいた。周天法は本来なら外に向かう性エネルギーを内に回流させ幽体を鍛え、幽体離脱しやすい体質を作る。消えた性欲はそっちのほうに消費されたということだ。若い人の場合、有り余るほどエネルギーをもっているので、いくら周天法をしたところで性欲が消えるまでには至らないだろう。もちろんそれでも幽体が鍛えられることには変わりない。

どれくらいの期間禁欲するかのさじ加減が重要だが、年齢差や個人差がとても大きいので、半年くらい日記に記録しながら体感的に割り出していく。何週間くらい「大きな無理なく」がまんできるかで決めるとよいだろう。極端な無理をするべきではない。

適切と思える周期をつかんだら、その期間を守るようにする。このときは途中で放出したくなってもがまんする。このとき「会陰の引き締め」と呼ばれるメソッドを使うとかなり効果的に性欲を抑えることができる。さらに周天法と組み合わせると周天法の効果が倍増する。

◯「会陰の引き締め」で外に向かう精を抑える

これは会陰部の筋肉を引き締める運動で、ヨガではムーラ・バンダと呼ばれる。幽体の器官であるムーラダーラ・チャクラを活性化させるとともに、外に漏れだそうとする精を一時的に鎮める働きもある。このチャクラは尾骨の位置に重なって存在していると言われる（もちろんチャクラは幽体の器官なので、肉体を解剖したところで見つけることはできない）。周天法で足下に形成する光球はムーラダーラ・チャクラの象徴だ。

会陰とは肛門と性器の間に位置する部位のことで（図8－5）、この部位に力を入れて引き上げるようなつもりで引き締める。それは肛門の括約筋を締めることに近いし、それをせずに会陰だけを引き締めることも難しいが、肛門ではなく会陰の引き締めを行っているということを念頭に置いて行うことが重要だ。精神的な姿勢が肉体に反映する。

図 8-5

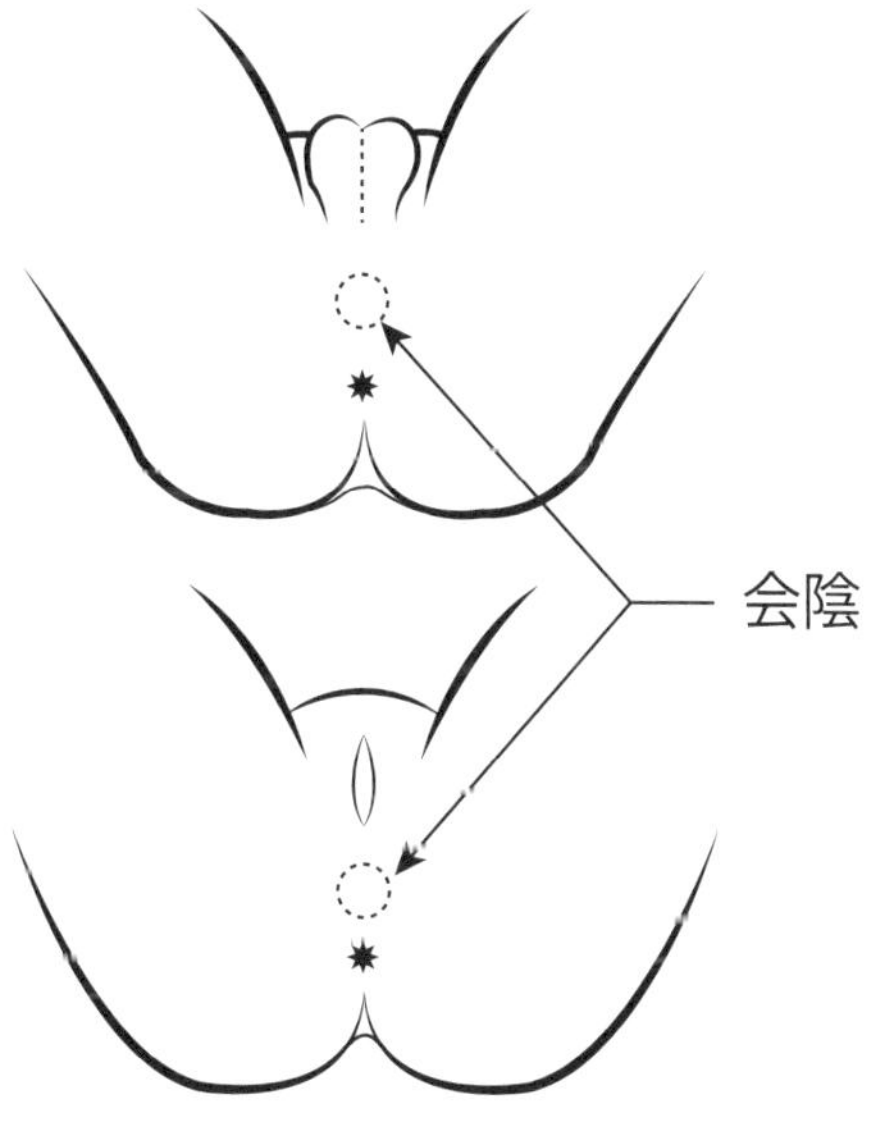

◇やり方

①蓮華坐か吉祥坐で坐る。または正坐で坐り、ヒザをこぶし二つ分くらい開く。どの坐り方でも手の平を両ヒザに置いて少し前傾姿勢をとる。こうすると会陰に力を入れやすい。

②大きくゆっくり息を入れて止める。このときは水の中に潜るときのようにノドも閉める。

③息を止めたまま会陰をゆっくり力いっぱい締め上げ、その状態を数秒から十秒、あるいはできるだけ長く保つ。

④息を出しながら引き締めた会陰と括約筋を緩める。②から繰り返す。

この動作を数回、あるいは好きなだけ繰り返す。回数が多いほど効果は高まるが、あまりやりすぎないほうがよいだろう。

クンダリニーの覚醒を目指す人々は、一度に何百回も実行したりするが、本書はそれを目指しているわけではない。やり過ぎると不調が起きると思う。

周天法を実行する前に、このメソッドを行うと周天法の効果が高まる。足下の光球からエネルギーを引き上げるとき、会陰を引き締める動作を加えてもよい。この場合、息を入れつつ会陰を引き締めるようにする。ただしこの方法は仰臥位では力が入らず、うまくいかないだろう。

第9章

ヨガ体位法

……幽体、肉体の両方を鍛える

幽体も肉体も両方鍛えるのが王道

本章ではハタ・ヨガに類するストレッチ体操（アーサナ＝体位法）を紹介する。

光体法や周天法は「気」や幽体を操作するものだが、そればかり続けていると頭に気がのぼりめまいがしたり、免疫力が低下して風邪を引きやすくなったり、情緒的に不安定になる場合がある。瞑想ばかりしているのも同様だ。肉体を鍛えることも並行して行えばバランスがとれる。

ヨガのアーサナを日々続けていくと、深い弛緩が得られ、瞑想や幽体離脱への大きな助けとなる。これまで紹介してきたすべてのメソッドに有益なものだ。蓮華坐でも坐れるようにもなる。睡眠の質も向上するし、内臓の調子もよくなり朝からモリモリ食べることができる。初心者でも毎日四十分二週間も続ければ、その効果は必ず実感できる。柔軟になるだけではなくインナーマッスルが鍛えられ体も締まる。ヨガをやっている人は細いわりに力持ちだ。

女性には美容効果が高い。三カ月続ければ見事なプロポーションに変身できる確信が生まれる。さらに三カ月後それは現実となるだろう。周天法と合わせて一年も続いた日には、異性を惹きつける強力な磁力オーラを放射するようになる。

男性にとっての美容とは筋肉美が期待されがちなので、その点ヨガは期待には応えない。しかしそれは男女問わず好みの問題でもあるし、瞑想法や周天法や光体法にふさわしい体はヨガで作られる体のほうだ。ハタ・ヨガのアーサナは無駄な筋肉は一切つけないという思想のもとに構成されているように思う。

肉体は相互連動するようにできているので、一部だけ鍛えようとしてもすぐに限界がくるし故障も起きやすくなる。偏った開発は体の調和を乱すから本能がそれを許さない。全身をまんべんなく鍛えることが早道だ。

全身を鍛えるためにはたくさんのアーサナを実習する必要があるが、紙面の都合もあるので最小限のアーサナしか紹介できない。しかし全身運動プログラムになるよう厳選したつもりだ。当面の間は本書のアーサナだけで十分だろう。物足りなく感じ始めたら、もっと本格的なヨガの本を手にとって見てほしい。そのときにはいかにもヨガらしい中級のアーサナが楽にこなせるようになっているはずだ。

ヨガと美容体操との違い

インドの本来のヨガは、宗教・哲学・体操・瞑想・呼吸法・民間療法などが渾然一体となった体系だ。日本に輸入されると宗教的側面はほとんどがそぎ落とされ（あるいは日本文化に合うものに置換され）、アーサナは美容体操として広く受け入れられるようになった。

しかし本来のヨガはスポーツやダンスや軟体芸や武術や美容体操ではない。それらは他者に見せつけたり競ったり戦ったり、努力の矛先が他者に向かう。本来のヨガは俗世を離れ執着を断ち解脱する（輪廻から解放される）ことを目標とする霊的修行体系なので、そういう俗世のことにはまったく関心が向いていない。

だから厳密に言えば健康になることすら目指しているわけではない。しかし体に大きな苦痛があるなら、ますます体に囚われ執着せざるをえなくなる。幽体を肉体から分離させるどころか、ますます肉体にずぶずぶとはまり込んでしまう。肉体を軽視しすぎるとかえって肉体に捕まってしまう。なにをするにも健康は必要だ。

ヨガは自らの内に向かう欲望を動機とするが、他のものは外に向かう欲望を動機にしている。これがヨガと美容体操等との違いだが、実はそれは目的の違いでしかなく、ヨガからアーサナの技術だけを取り出すと、スポーツや美容体操のストレッチ体操とあまり見分けはつかなくなる。つまり、ヨガを美容体操だと思って行えばそういうものになってしまうということだ。

だが読者には、ヨガ体操をヨガの精神で行うことをお勧めしたい。なぜならば本書は幽体離脱を目標にしているからだ。それは解脱を目指しているわけではないが、内か外かどちらかと言えばそれはやはり内に向かう行為だろう。

他者と競争したりせず、自分のレベルから自分のペースで進めていこう。ヨガ教室に通うのもよいが決して他人との優劣を比べてはいけない。自分の肉体をよく観察して気づきの一助としよう。

健康体なのに運動が苦手だと思い込んでいる人は、他者と比較することによってその罠にはまり萎縮しているだけだ。スタート地点はみな違うのに、学校教育などで理不尽な比較をされたことが不幸の始まりだったのだ。特にそういう人々にはヨガは救いになると思う。

ヨガ体操のための予備知識

○用意するもの

◇服装

できるだけ薄着で、素足で行う。指輪や腕時計などすべての金属製品を身から外す。

◇ヨガマット

「適度な弾力があり表面がすべりにくく肌触りのよい、横たわれるサイズの敷物」を用意してその上でアーサナを行う。ヨガマットには様々な製品があるが、使い心地もさることながら持ち運びや後片付けの楽さも大切だ。大きなバスタオルや毛布でも代用できる。

◇大きな鏡

全身が映る大きな鏡があると、姿勢のバランスや体の歪みのチェックには大変便利だ。フィードバックがあるかないかの違いは大きい。ただし必ずミラーカバーを用意し、使わないときは鏡面を隠しておく。

いつでも目につく場所（特に自室）に大きな鏡を置くのは大変危険だ。部屋に陰の気が満ち雰囲気を重くする。そういう環境で生活していると遠からず精神を病む。鬱やノイローゼになる可能性が高い。

病はゆっくり来るので、病を自覚しても鏡が原因だとはまず気がつかない。しかもそのとき当人はその鏡がお気に入りなのだ。隠してさえあれば安全だ。

○環境と時

・静かで新鮮できれいな空気がある部屋で行う。始める前に窓を開け換気しよう。寒いときは暖房を入れる。

・床が水平で転倒してもぶつかる物がない広い部屋で行う。部屋が狭いと体を動かす気もしなくなるものだ。といってもアーサナで転倒する方向はだいたい決まっているので、三畳のスペースを確保すればなんとかなる。

・外出先から帰ってきて、あまり時間をあけずに行うと体はとてもよく伸びる。外を歩き回っていたのがよい準備体操になっている。

・入浴し体を温めると体はよく伸びるが筋を痛めやすい。加減して行うか二時間くらい後にする。

・満腹時は避ける。ハードに行うなら食後二時間は控えたほうがいい。ヨガ体操あと三〇分は食事を控える。

・病気や熱があるときは避ける。しかし体操によって調子がよくなることもある。

・妊婦中や生理中の女性は避ける。とはいえ最近はマタニティ・ヨガなるものもあるし、アーサナを選んで行えば必ずしも害があるとは言えない。

○アーサナは自分の肉体との対話

◇動作と呼吸

筋肉が弛緩動作するとき体は息を出し、緊張動作するときは息を入れる。緊張状態を持続しなければいけないときは呼吸を止める。身体動作に伴う不随意な呼吸にはこのような仕組みが働いている。重たい荷物を持ち上げるときは息を入れ、その後それを支えるときは息を止め、荷物を下ろすときは息を出すだろう。

随意的にこの本能を破って筋肉を動かすこともできるが、やり方次第で効率は良くもなるし悪くもなる。アーサナには呼吸の仕方が指定されているものがある。それは人体の理にかなったもので、守るほうが効率的なことが多い。ただし運動中の呼吸はそんなに単純ではない。呼吸の仕方はあまり教条主義に陥らないほうがよいだろう。人は呼吸に干渉できるとはいえ、それは生来的に獣たる肉体のものだ。

◇他人の力を借りない

前屈運動のとき他人に背中を押してもらうとか、弾みをつけてアーサナを行うことはヨガでは禁じ手とされている。他人の力を借りると進展が早くなる場合もあるが、ケガをする危険も増える。

◇痛みの識別

アーサナは全身の筋肉と呼吸に注意力を向けて自己観察しながら行う。これがアーサナの面白さでもある。自分の体の偏りや悪い場所に加え、それを治す方法も見つけられるだろう。体に一番よく効く姿勢を探り、硬い芯の部分を見つけて弛緩させていくことで体は柔軟になっていく。

ストレッチの痛みには体を壊しそうな悪性の痛みと、「良薬は口に苦し」とでもいうような良性の痛みがある。たとえば脱臼しそうな痛みや、傷が疼くような痛みは悪性だ。そのときはすぐに回避行動をとる。痛みを識別しながら訓練を進めていく。

◇左右のアンバランスの矯正

アーサナを実習すると体の左右の硬さが違うことに気づくかもしれない。このときは左右で運動量を変える。硬いほうのみ運動しもう一方の運動はキャンセルするというやり方もある。

このような差異は注意深く観察すると誰にでもあるものだが、それが極端な場合は矯正していくように心がけよう。

◇柔軟性の進展には波がある

ハードに訓練し続けてばかりだと、慢性的に筋肉痛が続くことになってしまう。伸張により筋繊維が壊れたあと修復するまで二〜四日はかかる。修復されると前より柔軟になるが、それまではむしろ筋肉は硬くなり伸張すると痛みも激しい。肉体に言わせると「治している最中に邪魔するな」という警告だ。つまり訓練はハードにしたりソフトにしたり休んだり抑揚をもって続けるのが正しい。

毎日少しずつ柔軟になっていくというよりは、あまり進展も見られないまましばらく継続していると、一段ステップアップする時が来る。階段状の上達曲線になる。

◇エゴがケガの元

アーサナの動作はゆっくりしたものだし、弾みをつけて動かしたりもしない。注意深く観察していれば壊すことはまずありえない。「早く一八〇度開脚できるようになりたい」とか、「あいつにできて自分にできないわけがない」とかエゴを出すほどケガをする。他者と競争したりせず自分のペースで進めていこう。

○ケガをしたときの対処法

前屈や開脚で限界を超えてしまい、あまりにひどく損傷した場合、ストレッチのたびに痺れるような嫌な痛みが出るようになることがある。そうなってしまったときは痛めた部位のトレーニングはしばらくやめるべきで、無理して続けているといつまでも治らない。

背骨がずれて腰痛等になったと思われるときは、それが耐えがたいものでなければ、我慢して毎日続けていると治ってしまうことが多い。訓練をその日からやめてしまうと、ずれっぱなしになるのでなかなか治らない。

二日から一週間くらい様子をみて改善せず悪くなるようなら、医師や整体師に診てもらうこと。あまり長期間放置すると筋肉に癖がついてしまう。治療を始めても治るのに時間がかかる。体操で痛めたことがはっきりしているなら、病院より整体のほうが話は早いと思う。

腰の筋肉が弱くて骨を支えられず背骨がずれて腰痛になっている場合は、整体しても一時的には治るがすぐに元に戻るため永遠に治療費がかさむ。これは鍛えないかぎり治らない。

○過ぎたるは猶及ばざるが如し

私のヨガの先生から聞いた話だが「ヨガの先生やスポーツセンターのインストラクターは、運動しすぎて体を壊してしまうことがけっこうある」という。毎日何時間も生徒たちの前で実演し、さらに自分のための特別訓練もするから、生徒の何倍〜何十倍もの運動量になってしまう。ハードな肉体訓練は内臓にも負担をかけるので、病気が内臓から来ることもある。肉体は生き物だが機械的なものでもあり酷使すれば劣化も早い。

先生並みの体を作ろうと思ったら彼らと同じくらい時間を捧げる必要がある。私の場合ヨガの教本に載っているような、並外れた柔軟性を維持しようとすると、一日一時間のアーサナ訓練ではぜんぜん足りなかった。しかも日常生活で必要がない過剰すぎる身体能力は、訓練しなくなると退行するのも早い。

また、身体感覚が繊細になると不調にも敏感になる。ハードに訓練しているほどその傾向は顕著になる。普通の人は鈍感さゆえに気づかずにいるところを気づいてしまう。しかし真の健康とは、健康のことで思い煩うことがないことではあるまいか。

軟体になるほど瞑想が深まるわけでもない。体がカチカチなのは困るけど、そこそこ柔軟で健康ならそれでいい。だが私が見てきた限り、そこまで達していない人がかなり多かった。本章を用意したのはそのためだ。

ヨガの先生の体は道場の看板として外せないとしても、一般の人々には不要なものだろう。どこまで鍛えるかはお好み次第だが、鍛えた体を維持するのに必要なコストを計りにかけて、適当な落としどころを見つけることが大切だ。

ただし二十歳前後の若い人々は、とことん鍛え抜いておくことをお勧めしたい。若いうちはケガをしてもすぐに治るし進歩も早い。歳をとってから本当に身体訓練が必要だと切実に感じ始めたとき若いときの経験が生きてくる。

ヨガ体操の進め方

本書の各アーサナは番号順に実行すると全身が整うようになっている。ヨガ教室一回分くらいの分量だ。何度か繰り返せばそのうち体が手順を勝手に覚える。

ごく一部を除いて入門者向けのアーサナしか載せていないので、ゆるゆる続けていけばそのうち楽にできるようになる。ぐったり疲れるほどやるようなものではない。終わったあとむしろ疲れが取れてさわやかになる程度にとどめておく。

弛緩法は頭頂から始め足下に向かうが、アーサナはつま先から始め上方に向かうのが原則だ。ただし厳格に守る必要はない。簡単なアーサナから始め、体をほぐしてから難しいものを行う。途中で疲れを感じたら弛緩法で休息する。

自分にはまだ無理そうなもの、その日やりたくないものはスキップする。長期的に見てすべてのアーサナがまんべんなく行われていればそれでいい。

気が向かない日もアーサナを一つくらいはやるというのが継続のコツだ。それは、決してサボったわけではない。日記にも「行った」と書ける。無と有の間には無限の隔たりがあるのだ。

体操が終わったら最後に必ず弛緩法を数分から一〇分程度行う。このとき照明を消すとさらに落ち着くだろう。「休息中にアーサナのもつ効能が体に浸透するので、それをしない人は骨折り損のくたびれ儲けだ」とも言われる。

ヨガ教室では体操のあと呼吸法と瞑想を行うのが普通だ。体操の後は深い瞑想ができる。

アーサナ

○柔軟性テスト

A）長坐で坐り、両ヒザが床から浮くことなく両手で足の指をつかめるか。

B）仰向けに寝て脚をそろえ両腕を万歳した姿勢で、カカトが床から浮いたり、腕で弾みをつけたりせずに、ゆっくり腹筋で起き上がれるか。

C）床に坐り両ヒザを立て胸にしっかり引き寄せ、両腕を前方に伸ばしこぶしを握る。この姿勢から立ち上がれるか。

D）足を肩幅に開いて立ち、両手の平を体側面につけ、上体を真横に曲げたとき、曲げた側の手の指先がヒザに届くか。

E）壁に背中をつけて立ち万歳した姿勢で手の甲を壁面につけることができるか。

以上の動作をすべてできる人は平均レベルの柔軟性をもっている。

1．足首を回すポーズ（図9－1）

①右足を引きつけ左モモの上にのせる。

②左手の指を右足の指の間に入れて足先をつかむ。

図 9-1

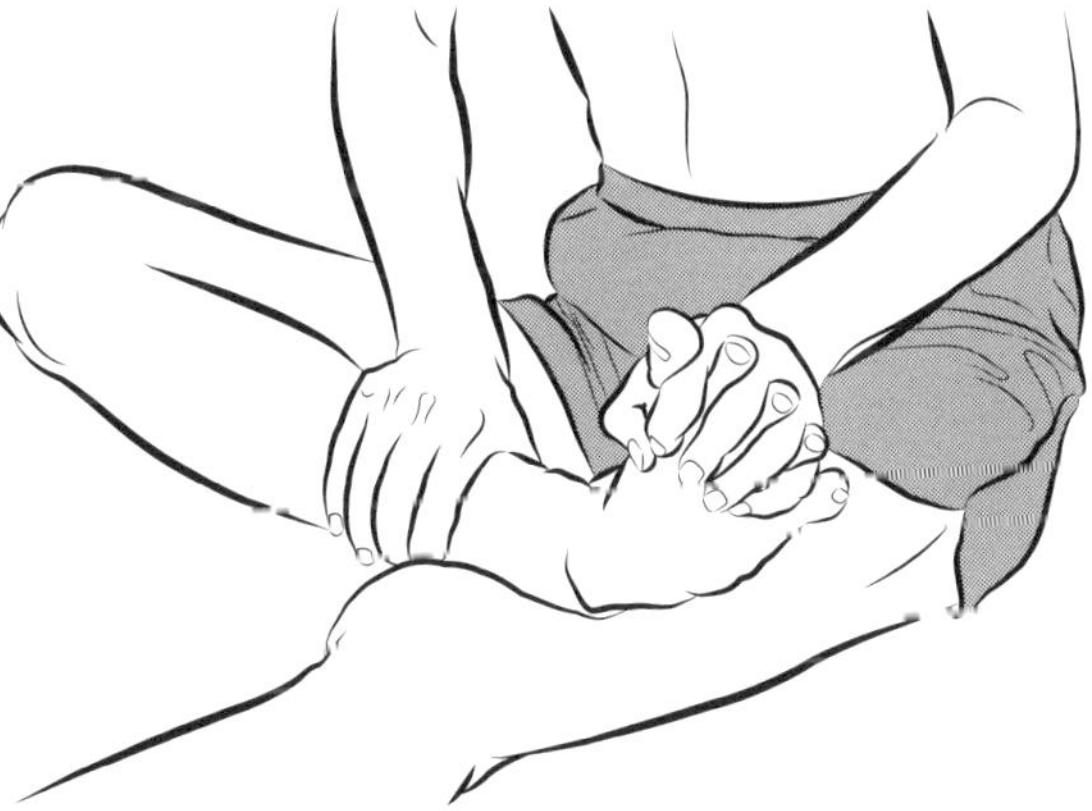

③息を出しながら左手で右足首をゆっくり大きく一〇回まわす。その後反対方向にも一〇回まわす。回しむらがないよう丁寧に。
④反対の足も同様に行う。

このアーサナは簡単なものだが軽視しないでほしい。これを行ってから前屈を行うと、しないときに比べて少し深くできるようになっている。次のアーサナ「ヒザ押し」も同じことが言える。筋肉は関係し合っている。

骨盤や背骨のゆがみはたいがい足首からくる。日常生活ではなにをするにも歩く必要があるが、地面と接する根本のところに偏りがあると、歩くスタイルが崩れ徐々に股関節や骨盤にひずみをもたらし、仙骨を土台として立っている背骨も曲がる。足首のケガや間違った蓮華坐の実践がその発端になることがある。

2．ヒザ押しのポーズ（図9－2）

①右足を左太モモの上にのせる。右ヒザが床から浮く。
②息を出しながら右手で右ヒザをゆっくりと押さえ床につける。息を出し続けながら二〇

秒ほど押さえる。
③息を入れ押さえる力を緩め②の動作を何度か繰り返す。
④脚をほどき、反対の脚も同様に行う。

ヒザ関節が柔軟になるにつれ両ヒザの開き加減を狭くしていく。ヒザが柔軟になるためには時間がかかる。気長に毎日続けよう。蓮華坐の完成にも重要。

図 9-2

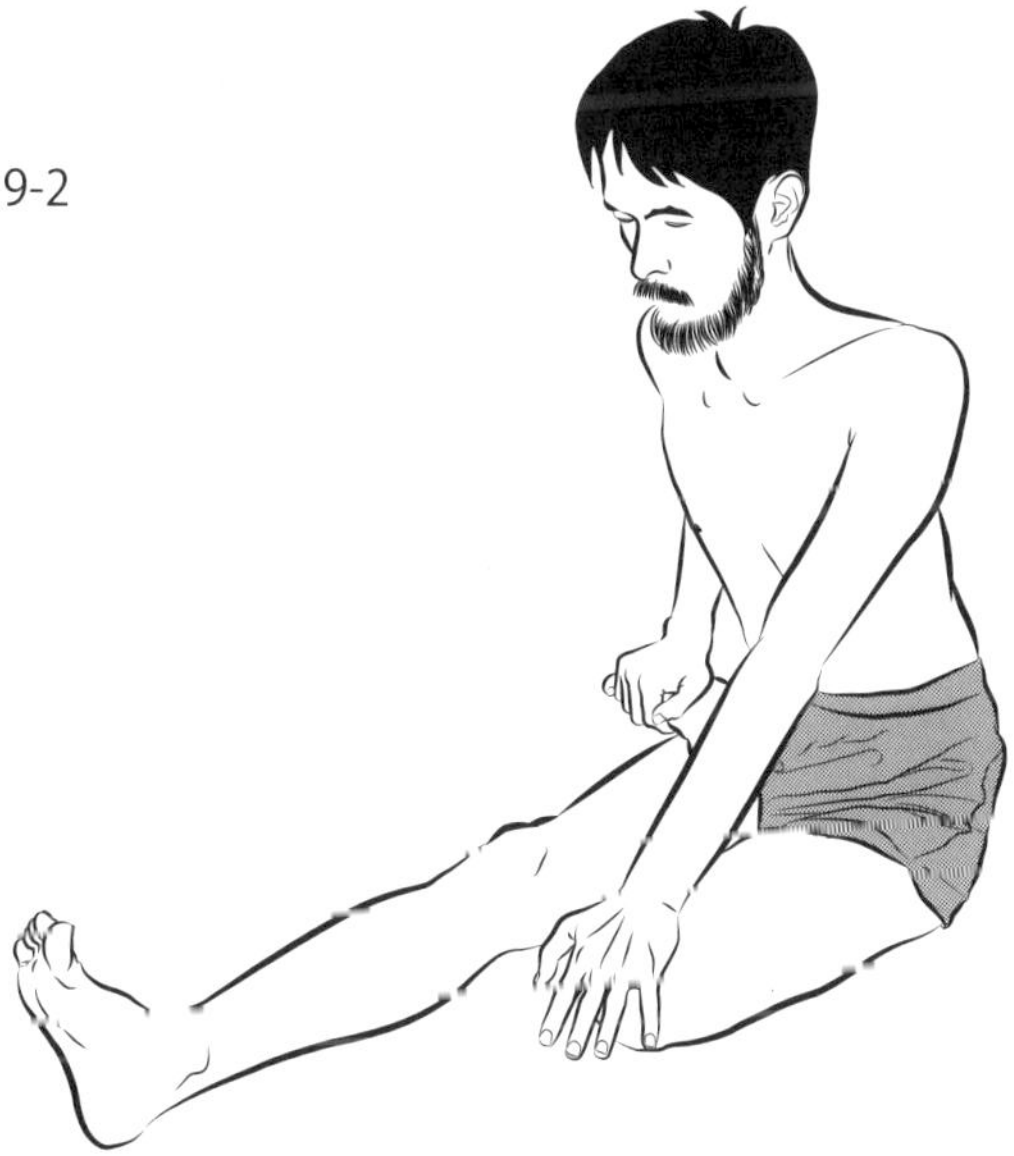

3．片足前屈のポーズ（図9－3－A、図9－3－B）

①長坐から右足をマタのつけ根に引きよせる。

②A．左脚の両サイドの床に手の平をついて上体を支える（図9－3－A）。またはB．左足の小指と親指を左右の手でそれぞれつかみヒジを床に置く（図9－3－B）。

③息を大きく入れ、顔を天井に向け背中を反らせる。

④息を細く出しながらできるだけ腰の根元から上体を倒しゆっくり前屈していく。背中を丸めず、なるべくヒザが床から浮かないように心がける。

⑤限界まで前屈したらその姿勢を二〇秒ほど維持する。太モモやヒザの裏など痛い場所に意識を集中する。

⑥息を入れながら上体をゆっくり起こす。

⑦反対の脚も同様に行う。

⑧最後に両脚をそろえて前屈する。

⑤で息が続かなくなったら、前屈を少し緩め再び息を入れ細く出すことを繰り返すと効果的。

図 9-3-A

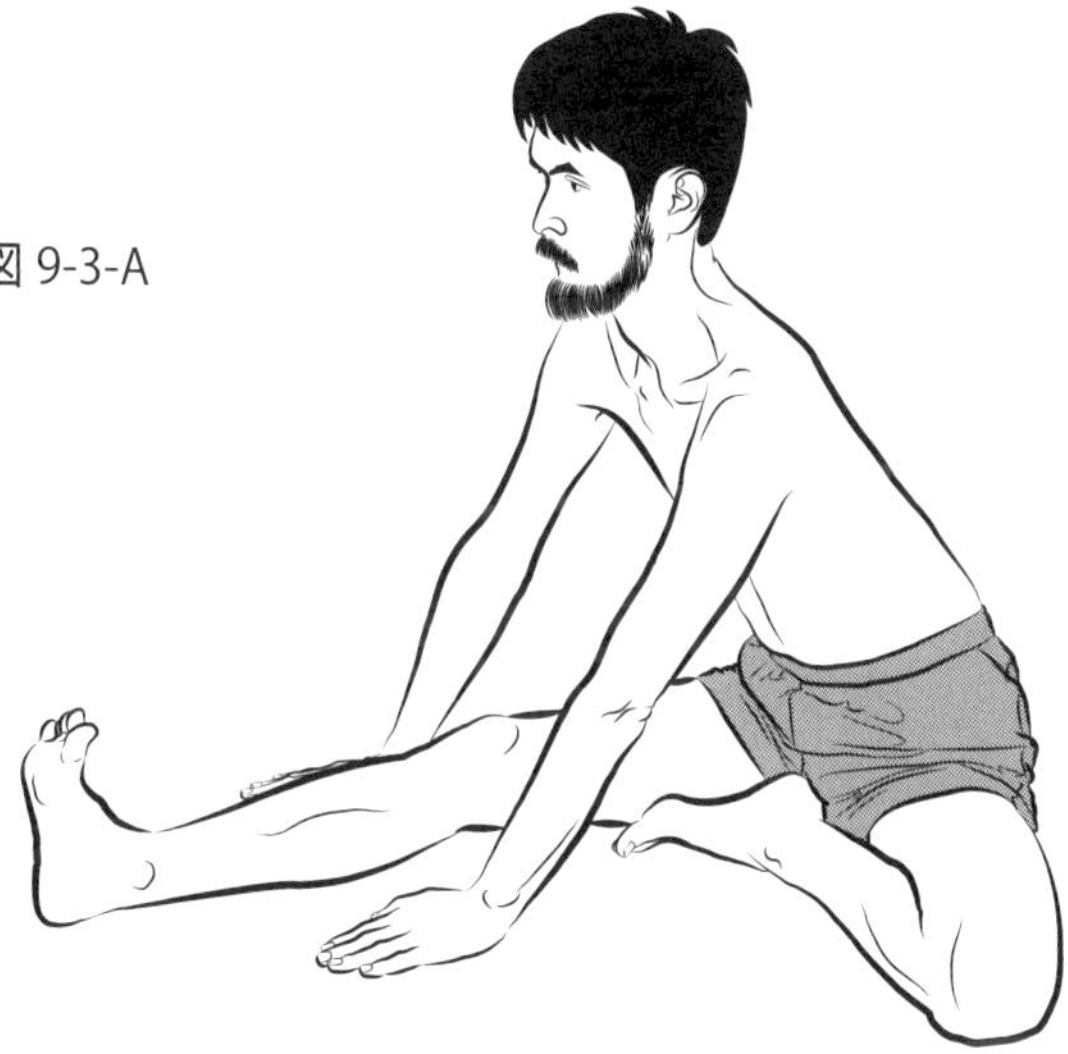

図 9-3-B

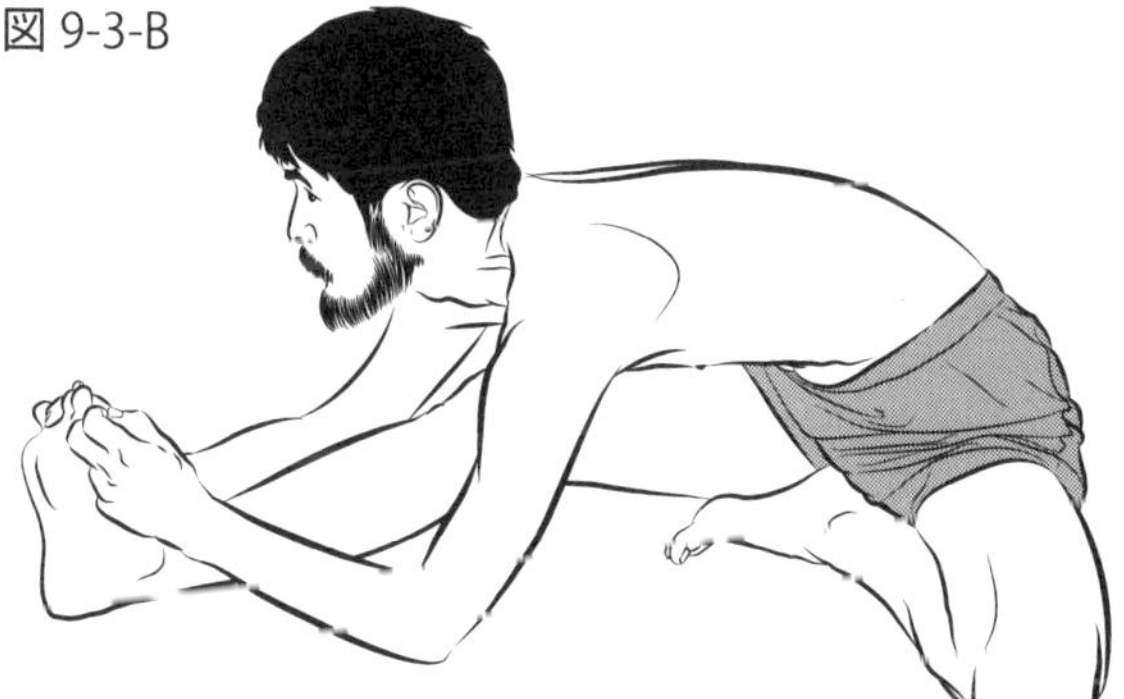

柔軟になるにつれ前腕部が床につくようになる。そうすれば②－Bの姿勢ができるようになる。しかしこの姿勢で上体が不安定になるくらいなら、床に手を置くほうがずっとよい。さらに進展するとヒザにアゴがつくようになる。額ではなくアゴをつけるよう意図して行う。

4・開脚片脚前屈のポーズ（図9－4）

①右脚を折り曲げ、右足をシリの横につける。左脚は伸ばしできるだけマタを開く。

②両手を正面床に置く。

図 9-4

③息を入れながら、顔を天井に向け背中を反らす。
④息を細く出しながら前屈する。手は前方にスライドさせていく。顔は正面を見る。できるだけ腰の根元から上体を倒し背中を丸めない。
⑤限界まできたらその状態を二〇秒ほど維持する。
⑥息を入れながら上体をゆっくり起こし元の姿勢に戻る。反対の脚も同様に行う。

①のとき太モモの内側を、こぶしで軽く何度も叩くか、両手でもみほぐすとよい。柔軟になるにつれて、両ヒジ↓アゴ↓胸と床につくようになる。

伸ばした脚のほうに向かって前屈するやり方もある。伸ばした脚の足の親指を、人差し指と中指で、指の裏から挟むようにつかみ、ワキから腰にかけての体側面を伸ばすというやり方もある。それぞれ効く場所が異なり、開脚能力の進展に重要なアーサナ。

5．ワキを伸ばすポーズ（図9－5）

①右脚を折り曲げ、右足をシリの横につけ、左足のカカトをマタのつけ根につける。背筋を伸ばし正面を見る。

②右に上体を傾け右腕の手の平または前腕部を床に置く。上体が前後に傾かないように注意。左腕は上体につけておく。
③息を入れながら左腕を天井に向けて上げていく。手の先で円を描くように上げる。腕が垂直になったらさらに上に腕を伸ばし、腕を輪転させ手の平を右に向ける。
④息を出しながらさらに左腕を右に倒して行き、左腰からワキにかけて伸ばす。伸ばしている腕のヒジを曲げない。目線は常に天井を見る。
⑤二〇秒ほど姿勢を維持し無駄な力を抜く。
⑥息を入れながらゆっくりと左腕を上げ①の姿勢に戻る。
⑦脚を組み替えて反対側のワキも伸ばす。

図 9-5

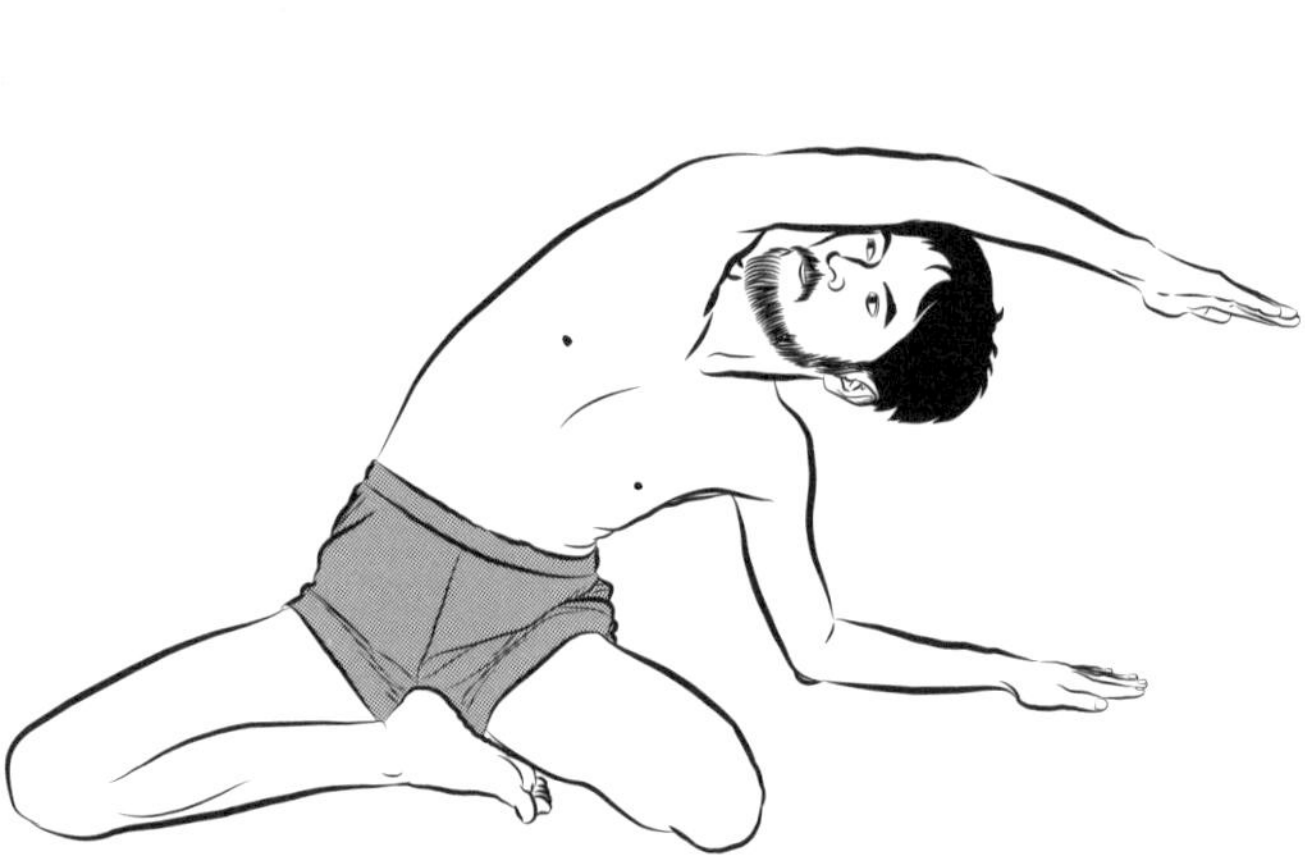

6．合蹠前屈のポーズ

（図９－６－A、図９－６－B）

①両足裏を合わせ（合蹠《がっせき》）、カカトをマタのつけ根に引き寄せる。
②息を出しながら両ヒザを手の平で床に押さえつけ、腕を伸ばし適度に前傾姿勢をとりしばらくその状態を維持する。（図９－６－A）
③押さえつけることをやめ腕と脚を緩める。
④次につま先を両手でつかみ、胸を張り腰を入れる。
⑤息を出しながら前屈する。首を曲げないようにして、上体の体重をかけながら姿勢を維持する。呼吸を繰り返しながら二〇秒ほど姿勢を保持する。（図９－６－B）

図 9-6-A

⑥限界がきたら上体をゆっくり起こす。
「蹠」とは足の裏のこと。足の甲が痛くなるときは適当な敷物を使う。
⑤のとき足首をつかみ腕の力で上体を引き寄せる方法もある。また股関節がよくない曲がり方をしていると感じるときは、足の位置を少し前方に移動させるとよい。
⑥で余裕があるときは、両手を足から離し腕を前方に伸ばすとより深く前屈できる。最終的には足裏が胸と腹につく。そのときは両腕を真横に伸ばし手の平を天井に向ける。
泌尿器系によく効くアーサナ。

図 9-6-B

7．マタ割りのポーズ（図9－7）

①床に坐りマタを開く。背筋を伸ばして正面を見る。

②両手の平を床に置き、前方を見ながら前屈する。できるだけ腰の根元から倒し背中を丸めない。息を出しながら徐々に前方に手をすべらせていく。

③限界まで前屈したら、その状態を二十秒ほど維持する。足首やヒザ関節付近の筋など痛い場所に意識を集中。肛門の緊張を緩めてやるとさらに前屈できる。

④息を入れながら両手を使いゆっくり上体を起こす。

⑤①に戻り手を使って初回よりさらに広くマタを開き、前屈を二～三回繰り返す。

図 9-7

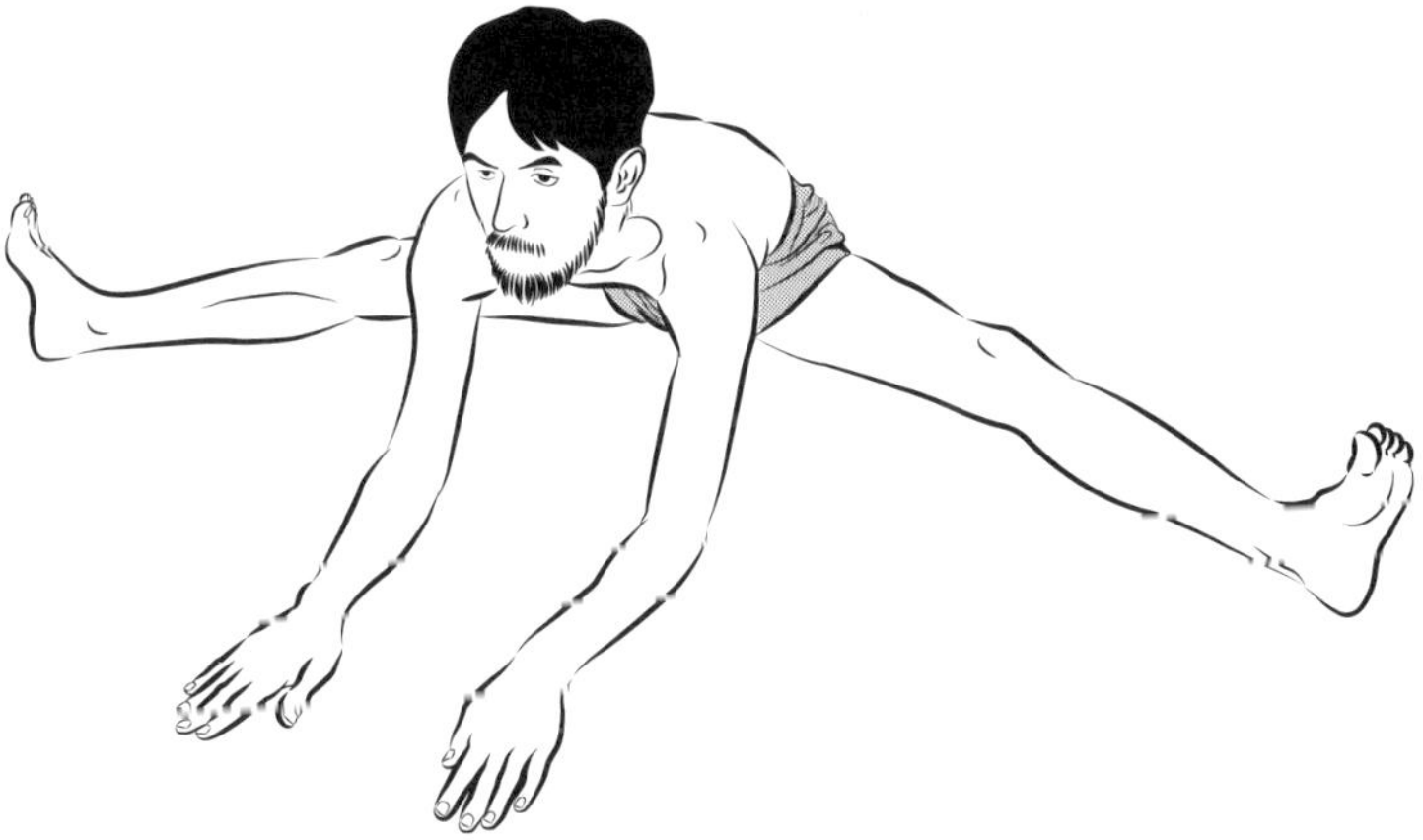

⑥両手を使って片脚ずつゆっくり閉じ、両ヒザを立ててそろえ、ヒザを両手で左右から強く圧する。

①のとき太モモの内側を、こぶしで軽く何度も叩くか、両手でもみほぐすとよい。

座布団の縁にシリをのせ座骨を床からほんの少し持ち上げてやると伸ばしやすくなる。

最初は両腕の前腕が床につくのが目標。柔軟になるにつれ開脚の角度は広くなり、やがては額、アゴ、最終的には胸が床につく。

このアーサナや4番は骨盤を開く。開きっぱなしはよくないので22番で骨盤を閉じる。

女性が産後に太りやすくなったり内臓下垂ぎみになったりするのは、出産時に骨盤が開きすぎてしまうからだと言われる。

しかし逆に骨盤が閉じすぎていると、今度は冷え性になったり太れない体質になったりする。柔軟に骨盤を開閉できるようにすることが大切。骨盤と股関節の柔軟さは万病を遠ざける。時間がないときもこのアーサナとその準備段階である3〜4番アーサナで脚部の柔軟性さえ保っていればなんとかなる。

8．上体をねじるポーズ

（図9－8）

①長坐で坐り右ヒザを立て、左ヒザをまたいだ位置に降ろす。左ヒザをおり曲げ、カカトを右シリの横につける。

②上体を右にねじり、左上腕部を右ヒザにひっかける。

③右腕を背後にまわし手の甲を左腰にあてる。

④背筋を伸ばし胸を張り、首を右にひねる。

⑤息を出しながら上体を右に強くねじる。首も強く右にねじり右肩にも力を入れてさらにねじる。その状態を二十秒ほど維持する。背中や痛みのある場所に

図 9-8

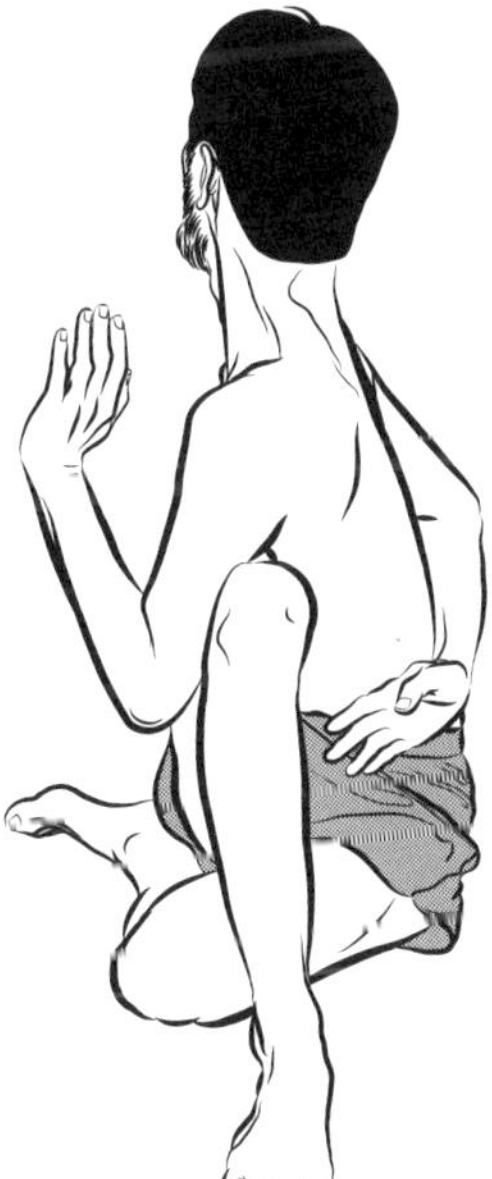

意識を向ける。
⑥体を緩め長坐に戻り、脚を組み替えて反対側のねじりも行う。

余裕があれば左腕を立てた右ヒザの下を通し、腰にまわしている右手と握手してねじる方法もある。

9. ひざを床につけるポーズ（図9−9）

①長坐で坐り両ヒザを立て、カカトをシリに引き寄せる。後方の床に指先を後ろに向けて手をつく。
②息を出しながら、ヒザを前方に突き出しシリを持ち上げつま先で立ち、上体

図 9-9

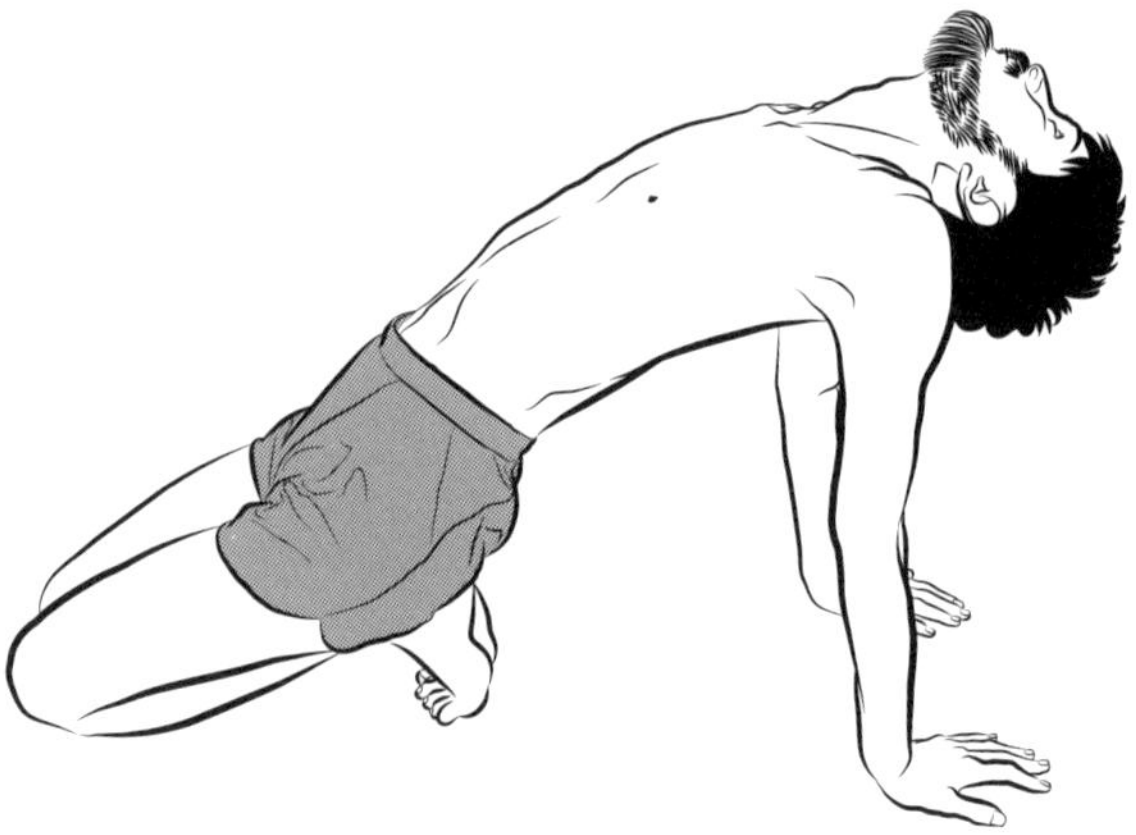

を後ろに反らせる。首も後方に反らせ脱力する。
③この姿勢を二〇秒程度維持しながら自然呼吸を繰り返す。
④息を入れながらヒザを床から離し、ゆっくり元の姿勢に戻る。
⑤この動作を二回繰り返す。

10. ワニのポーズ（図9－10）

①仰臥し脚をそろえ両腕は真横に広げ、手の平を床につけ、指を大きく開く。
②両脚をゆっくりと上げていき、床と垂直にする。
③両脚を左手の指の先方にめがけてゆっくりと倒していく。それに合わせながら首をねじり、顔を右に向ける。
④脚が床に接したら完全に脱力する。
⑤ゆっくりと脚を天井に向けて戻していく。それに合わせ顔を天井に向ける。
⑥今度は同様に、両脚を右に倒していく。
⑦③～⑥の運動を一〇～二〇回繰り返す。
⑧⑤のセンターの位置で、両脚をゆっくり床に降ろし休息する。

脚を倒すとき脚をピンと張りヒザを曲げないようにする。また肩が床から浮かないように注意する。呼吸のやり方は気にしなくてよい。

このアーサナはゆっくり行うほどよい筋トレになる。側腹筋を鍛え胸椎の矯正にもなる。

図 9-10

11. ボートのポーズ（図9−11）

①仰臥し脇を締め手の平を床につけ両脚をそろえる。
②そろえた両脚を床から約四十度の角度に上げる。
③ゆっくり上体を起こし約四十の角度に上げる。
④両腕を伸ばし前方に突き出し床と平行にする。手の指をそろえてピンと張る。
⑤姿勢のバランスをとりながら腹筋に意識を集中しこの姿勢をできるだけ長く維持する。
⑥腕を降ろし上体を支えながら、ゆっくり脚を降ろし床につける。上体もゆっくり床に降ろし休息する。

図9-11

このアーサナを維持できる時間は個人差が大きいが一分を目標にしよう。もちろんそれ以上続けてもかまわない。手の指先が足の指先に接するところまで腕を上げるとさらに負荷を増やせる。

キッチンタイマーで耐久時間を決めて行うとよい。二〇秒から始めて毎日少しずつ時間を延ばしていく。

腹筋台で何度も起き上がる運動より、このアーサナのほうがずっと効果があるし体も痛めにくい。

日常生活の動作の中で背筋は自然に鍛えられる機会が多いが腹筋は弱くなりがちだ。腹筋力と背筋力のバランスが悪いと長時間坐ることができない。なお背筋は21番アーサナで鍛えられる。

12. つま先立ちのポーズ（図9－12）

①足を肩幅に開いて立ち、両手を胸で組む。
②両腕を天井に伸ばし、組んだ手の平を天井に向ける。
③息を入れながら、カカトを上げ両足の親指と内股に力を入れて、力いっぱい伸びをする。

顔は天井に向ける。このとき目線をどこか一点に合わせると安定する。

④ノドを閉めて息を止め、ふらつかないようにこの姿勢を一〇～二〇秒維持する。

⑤息を出し、腕を降ろし、カカトを床につけ直立した姿勢に戻る。

⑥①から三回ほど繰り返す。

これは背が伸びるアーサナと言われている。個人差はあるがヨガを習慣的に行っていると一～三センチくらい背は伸びるものだ。

図 9-12

13. 木のポーズ（図9－13）

①両足をそろえて立つ。

②左足を上げ左手でつかみ会陰にカカトをつけ、足裏を右太モモにつける。

③両手を胸の前で合掌するか、両腕を真上に伸ばし頭上で合掌する。後者のほうが難易度は高い。

④バランスをとりできるだけふらつかないように姿勢を維持する。二〇秒から一分、あるいは限界まで維持する。

⑤腕と左足を降ろし、反対側の脚でも同じ動作を行う。

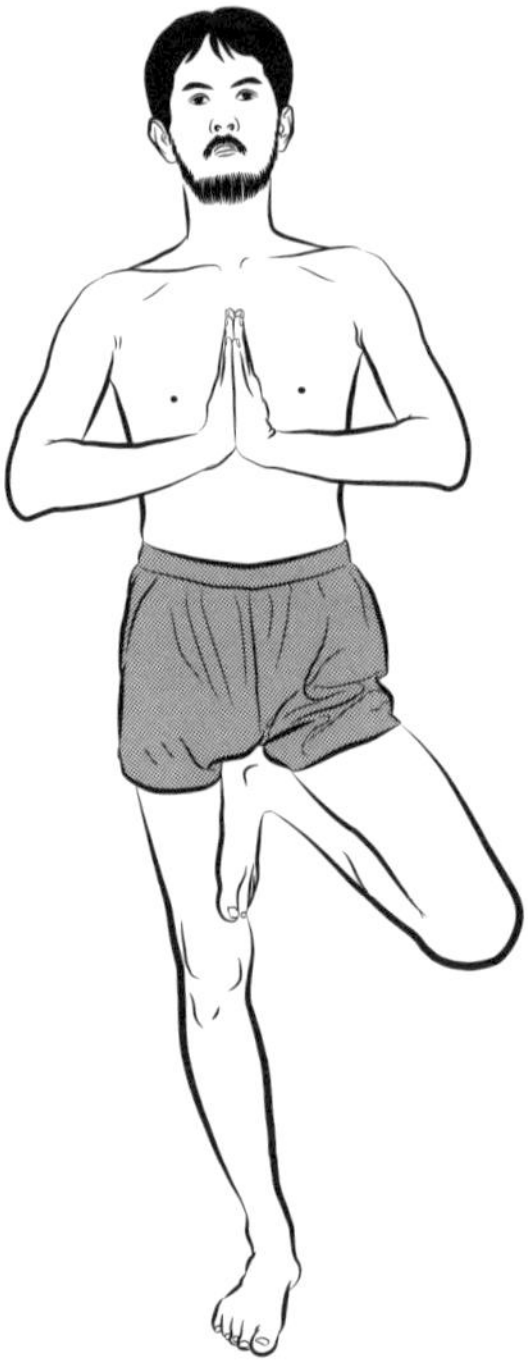

図 9-13

片脚立ちには精密な姿勢制御が働いている。硬い床でないと安定しない。ヨガマットも邪魔になる。どこか一点に視線を固定するとバランスをとりやすくなる。目を閉じて行うとより高度なバランス訓練になるが転倒注意。

このアーサナは平衡感覚の訓練だが、足首を動かす筋肉の筋トレでもある。1番アーサナで足首を柔軟にするだけでは歩くとき足首をひねることが増えてしまうかもしれない。力の出せる足首を作ろう。

14. 肩を入れるポーズ（図9－14）

①両足を肩幅の二倍程度に開いて立つ。足先はナナメ四五度に向ける。

②腰を落としてしこ立ちの姿勢をとる。スネは床と垂直。胸で手を合わせて少しの間この姿勢を保持する。

③両手をヒザの上について前傾姿勢をとる。

④上体を左にひねりながら右肩を入れる（前方に突き出す）。両腕のヒジ関節はまっすぐに保つ。顔は前方、または天井を見る。

⑤③の姿勢に戻り今度は左肩を入れる。

⑥交互に一〇回ほど繰り返したら①の姿勢に戻る。

④のとき顔を向ける方向によって、効く場所が変わるので日替わりで変更する。

15．上腕を伸ばすポーズ
（図9－15）

①直立し脚を肩幅に開く。

②左腕のヒジ関節を曲げないように右肩の方向にまっすぐ伸ばす。

③右腕をL字型にして、左腕の前腕部を抱き込む。

④上体を右にひねり左上腕部を伸ば

図 9-14

す。顔は正面を見る。
⑤腕をかえてもう一度行う。

16・三角にひねるポーズ（図9－16）

①脚を肩幅の二倍程度に開いて直立する。両腕を肩の高さに上げ大の字を作る。
②息を出しながら、上体をひねりながら倒していき、右手を左足の外側につける。左腕はまっすぐに天井に向けて立てる。
③自然呼吸を繰り返しその状態を一〇秒ほど維持する。
④息を入れながら、ゆっくり上体

図 9-15

を起こし大の字に戻る。

⑤反対側も同様に行い、左右交互に一〇〜二〇回繰り返す。

手を足の外側につくことができない場合は、足の内側や足首まで（可能なところまで）でよい。

図 9-16

17．首を回すポーズ

①床に坐り背筋を伸ばす。椅子に坐ってもできる。

②アゴを引き息を出しながら頭を前に傾ける。両手で頭部を抱え込みさらに強く圧する。首のつけ根や胸椎の力を抜く。一〇秒ほど維持し①の姿勢に戻る。

③今度は反対に息を出しながら頭を後ろに傾ける。天井を見て、さらにできるだけ後方を見ようとする。首と肩の力を抜く。一〇秒ほど維持し①の姿勢に戻る。

④息を出しながら顔と首を右に真横に傾ける。頭に右手を添えてさらに強く圧する。左の肩から首筋を伸ばす。一〇秒ほど維持し①の姿勢に戻る。

⑤④と同様に今度は左に傾け同じ動作をする。

⑥腕を降ろし肩の力を抜く。再び②と同様に首を前に傾ける。その状態から極めてゆっくりと首を回していく。力は入れずにできるだけ大きく首の可動範囲の限界をすべてトレースするように回す。

⑦首の周りには何本も筋が走っているが、回しているうちに痛みが出る筋が見つかる。それを見つけたら、手を頭に添えて圧をかけ息を出しながらその筋を伸ばす。伸ばし終わったら首回しを続ける。

⑧一周したら今度は反対側に回し⑦と同様の動作を行い、①の姿勢に戻る。

肩こりのときに首を回すのと同じだが、このアーサナのように丹念に行うと効力がぜんぜん違う。時間がかかるアーサナだがどこでもできるので、暇なときに行うとよい。

18・ゆりかごのポーズ（図9－18）

①仰臥しヒザを胸に引き寄せ両手で抱きかかえる。
②額を両ヒザにつけるように首から背中を丸める。
③その状態で前後に体を揺らすことを何度も繰り返す。床に当たる背骨に注意を向け、腰椎から首のつけ根までまんべんなく床に擦りつける。背骨を真上から擦るのではなく、左右の筋肉を狙うほうがよいかもしれない。
④手を外し仰臥位に戻る。

背骨のゆがみを矯正するアーサナ。③のとき、背骨にそって痛みが強い場所が見つかるかもしれない。そこは背骨が少し飛び出していたりへこんでいたり、左右にずれているものだ。

その部位を重点的に攻める。背骨の上を床に押しつけるというよりは、背骨の左右の筋肉を押しつけるようにするとよい。

板間で行うと痛すぎるので畳やヨガマットの上で行う。やわらかすぎる床では効かない。

19・コブラのポーズ

（図9－19）

①うつ伏せに寝て脚をそろえ足の甲と額を床につける。両腕は上体につけ手の平を床につける。この姿勢を約一〇秒続ける。

②ワキを締めヒジを折り曲げ両手を

図 9-18

肩の横に置く。
③アゴで床をするように顔を上げ、胸が床から離れない範囲で背中を反らせる。首も反らせアゴを突き出し天井を見る。次は腹が床から離れない範囲で反り、その次は恥骨が床から離れない範囲で、その次はできる限り反る。
④息を止めて肛門を締めしばらく反った姿勢を維持する。
⑤息を出しながら逆の順序でゆっくり①の姿勢に戻る。
⑥腕を降ろし、顔を左右どちらかに向けて休む。そしてもう一度行う。
このポーズは腰を痛めやすいので最

図 9-19

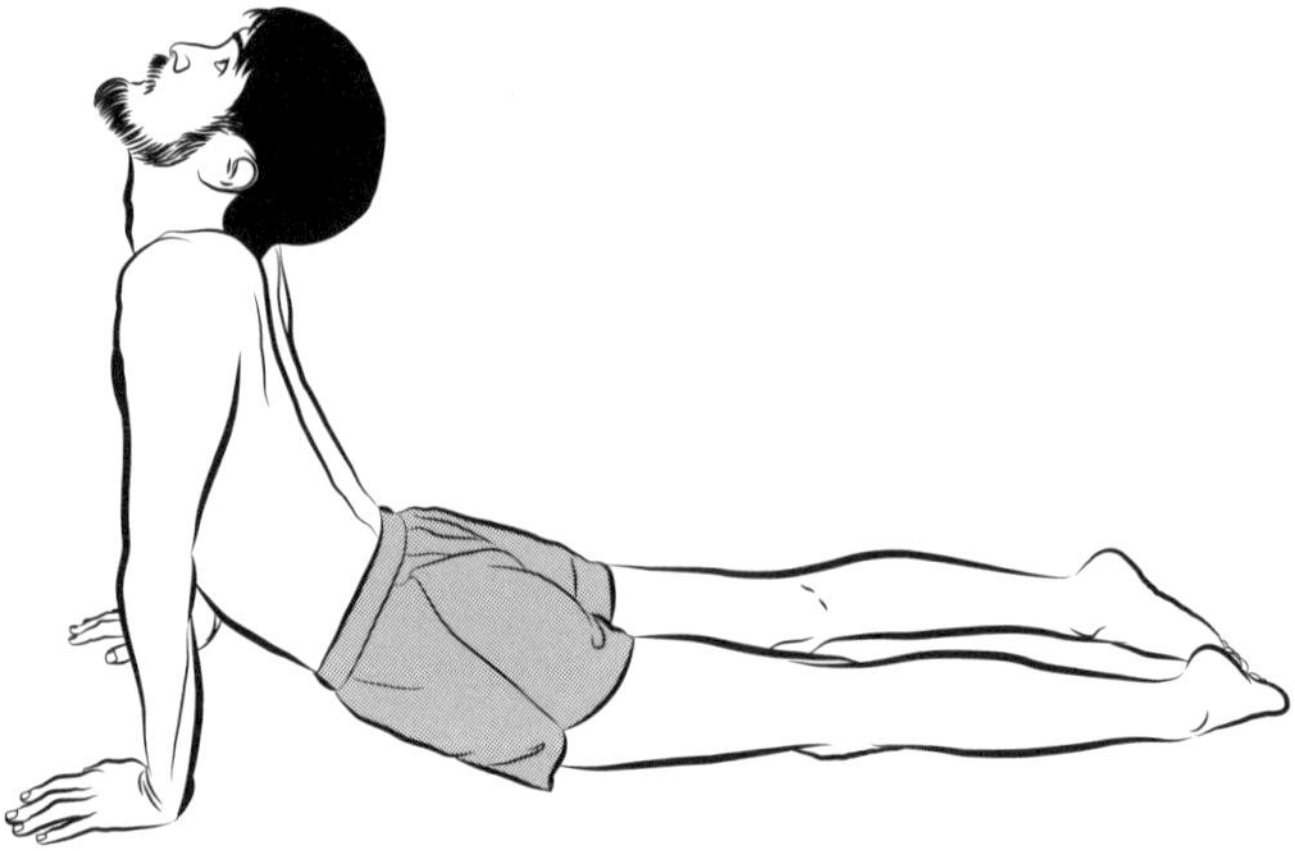

初は無理をせず用心深く実習してほしい。

上体を反らせる動作は背骨一つ一つに意識を向けなめらかにゆっくり行う。視線も直線状に移動させる。反ったとき床の手の位置より前に肩が突き出さないように注意。

①の額を床につける姿勢は腰に「気」を集める働きがあり、そうしておくと強く背中を反らせても腰を痛めにくいと言われる。

③のそれぞれのやり方によって背骨に効く場所が異なる。腰椎は柔軟でも胸椎は硬いということもある。それだと大きく反れるかもしれないが胸椎周辺は硬いままだ。これは背骨全体をまんべんなく伸ばすためのアーサナなので、反り加減や手の位置を調節して狙った部位に効かせるようにする。

20. 仰向け割坐のポーズ（図9－20）

①割坐で坐る。

②後ろの床に手をつき、両手で上体を支えながらゆっくり後ろに寝る。ヒザはなるべく閉じるようにする。両手を万歳して背伸びをするようにするとさらに効く。

③自然呼吸を繰り返し一分～一五分くらい姿勢を維持する。緊張している部位の力を

抜く。

④姿勢を崩し、体の左右どちらかを床につけ側臥位になってしばらく休む。

割坐とは正坐から両足を開きシリを床につけ両ヒザをつけた坐り方。

最初は両ヒザが開きすぎたり、ヒザが床から浮いたりする。誰かにひざを押さえてもらうとよい。

このアーサナが難しいときは、片脚を伸ばして行う方法もある。左右二通り行う。

このアーサナは腰を深く入れて坐ることや長時間の仰臥位を可能にする。また内臓下垂改善にも効果的。このア

図 9-20

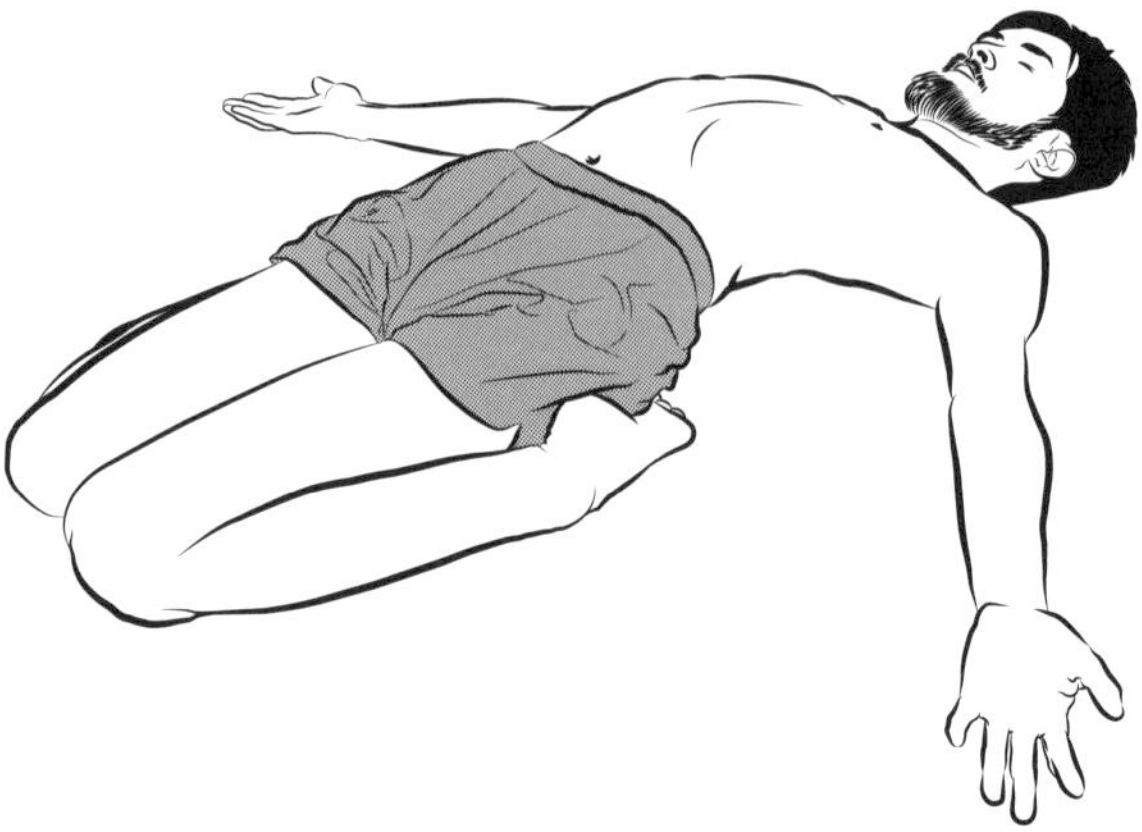

ーサナの上級編は正坐で寝ることだ。

21．バッタのポーズ

◇やり方1（図9－21－A）

①うつぶせに寝る。両脚をそろえ足の甲を床につける。両腕を上体につけ手の平を床につける。アゴを突き出して床につける。

②息を入れながら右脚を伸ばしたまゆっくり上げる。脚が左右に傾いたり、ヒザが曲がったりしないよう注意。脚をピンと伸ばし遠くに突き出すようにする。

③ノドを閉めて息を止め、しばらく

図 9-21-A

姿勢を維持する。

④苦しくなったら息を出しながらゆっくり右脚を床に降ろす。

⑤顔を横に向け休息しその後、反対側の脚も同様に行う。

③では骨盤が床から離れない範囲で上げる方法と、できるだけ高く上げる方法がある。

◇やり方2（図9－21－B）

①うつぶせに寝る。両手の親指を中にして握りこぶしを作り、腕をまっすぐ伸ばして体の下に入れ、手の甲を床につける。額を床につけ、

図 9-21-B

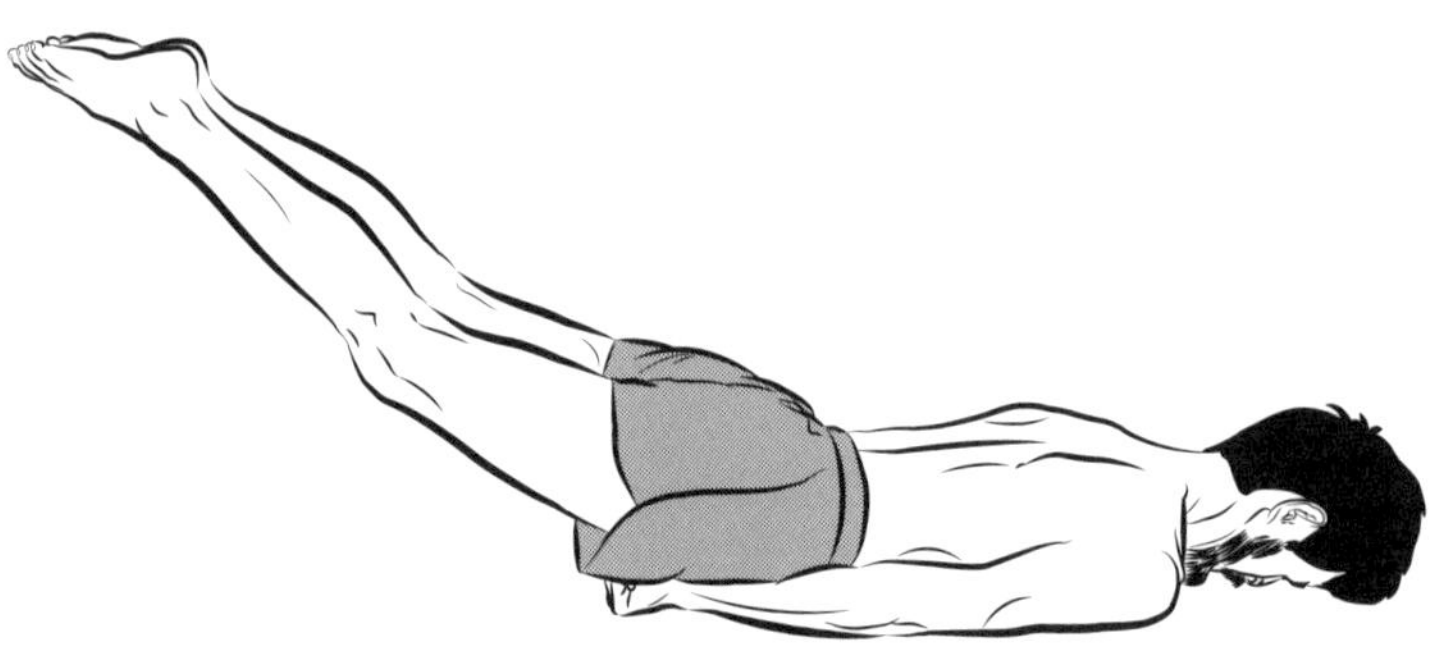

両脚をそろえ足の甲を床につける。
②息を入れながら両脚をそろえたままゆっくりできるだけ高く上げる。
③ノドを閉めて息を止め、しばらく姿勢を維持する。
④苦しくなったら息を出しながらゆっくり脚を床に降ろす。

やり方2が大変なときはやり方1のみ実習する。

22．橋を架けるポーズ（図9－22）

①仰臥し脚を肩幅に開き両ヒザを立てる。
②ヘソを天井に突き出すような感じで腰を床からできるだけ高く上げる。
③ワキを締め手の平で左右の腰（骨盤の左右のでっぱり）を下から支えるようにあて、ヒジは床につけて前腕を柱にして腰を支える。
④息を出しながら太モモ、腹、腰の力を抜き体重を手の平にかける。これにより骨盤が背後から強く圧されて閉まる。自然呼吸を繰り返しながら、二〇秒～一分くらいこの姿勢を維持する。仙骨に意識を集中する。

⑤再び太モモと腰に力を入れ、手を腰から離しゆっくり腰を床に下ろし脚も伸ばす。

骨盤を強く開く開脚系の運動をしたときはこのアーサナで閉じるようにする。だが骨盤を閉めてばかりなら虚弱な体質になってしまう。開いて閉じて両方の運動を日々繰り返すことが肝心だ。

これは両ヒザを曲げているポーズだが、余裕があれば④でヒザを前方に伸ばしカカトを床につけるようにするとさらに効く。両足を肩幅より少し広めに開くと姿勢が安定する。

図 9-22

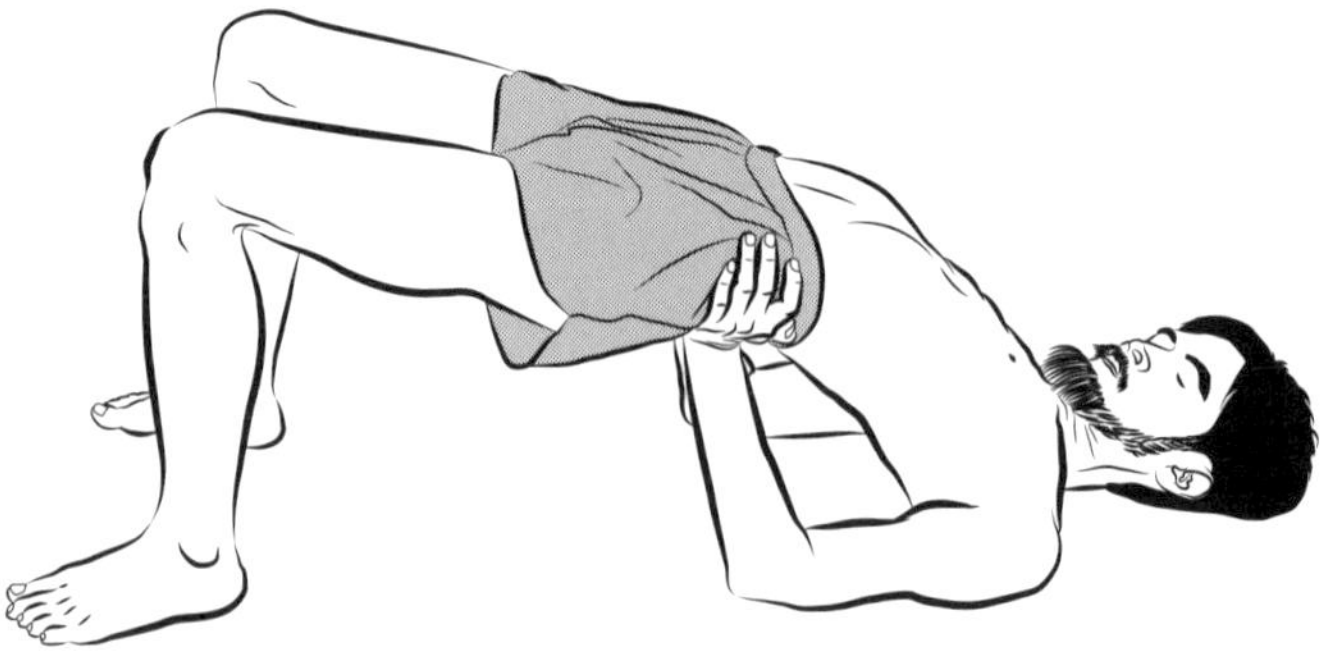

背中が硬く十分に反らないと実行できない場合がある。19番20番アーサナを続ければ解決できる。

このアーサナは少々難しいが、骨盤を閉める体操は他にあまり効果的な方法がないように思う。ダイエットと称して様々な骨盤を閉じる体操が紹介されているが、私が試してみた限りでは実感が持てるものがなかった。

誰でも確実にできる方法は幅の広いゴムベルトを腰に巻き付けて閉めることだ。「骨盤ベルト」でネット検索すれば見つかる。主に産後の女性向けの商品なので、マタニティ用品の売り場に並んでいる。

23. 鋤《すき》のポーズ（図9－23）

①仰臥し両脚をそろえ、腕を上体の横につけ、手の平を床につける。

②脚をそろえたまま約三〇度上げて数秒保持する。続けて六〇度、九〇度と段階的にゆっくり上げていく。

③脚を頭のほうに傾け腰を持ち上げ、ヒザを曲げずに脚を床と平行に保つ。必要に応じて両手で腰を支えてもかまわない。

④つま先を床につけ、頭からできるだけ遠い位置につま先を移動させる。ノドが圧迫されアゴは鎖骨中央のくぼみにはまる。

⑤その状態を三十秒から一分、あるいは好きなだけ続ける。このときノドに集中する。

⑥もとの姿勢に戻る。つま先を床から離し、脚をこれまでとは逆順に、ゆっくりと戻していき両足を床に降ろす。

⑤で両手の指を組んで両腕を寄せ肩を開くとさらに効く。

図 9-23

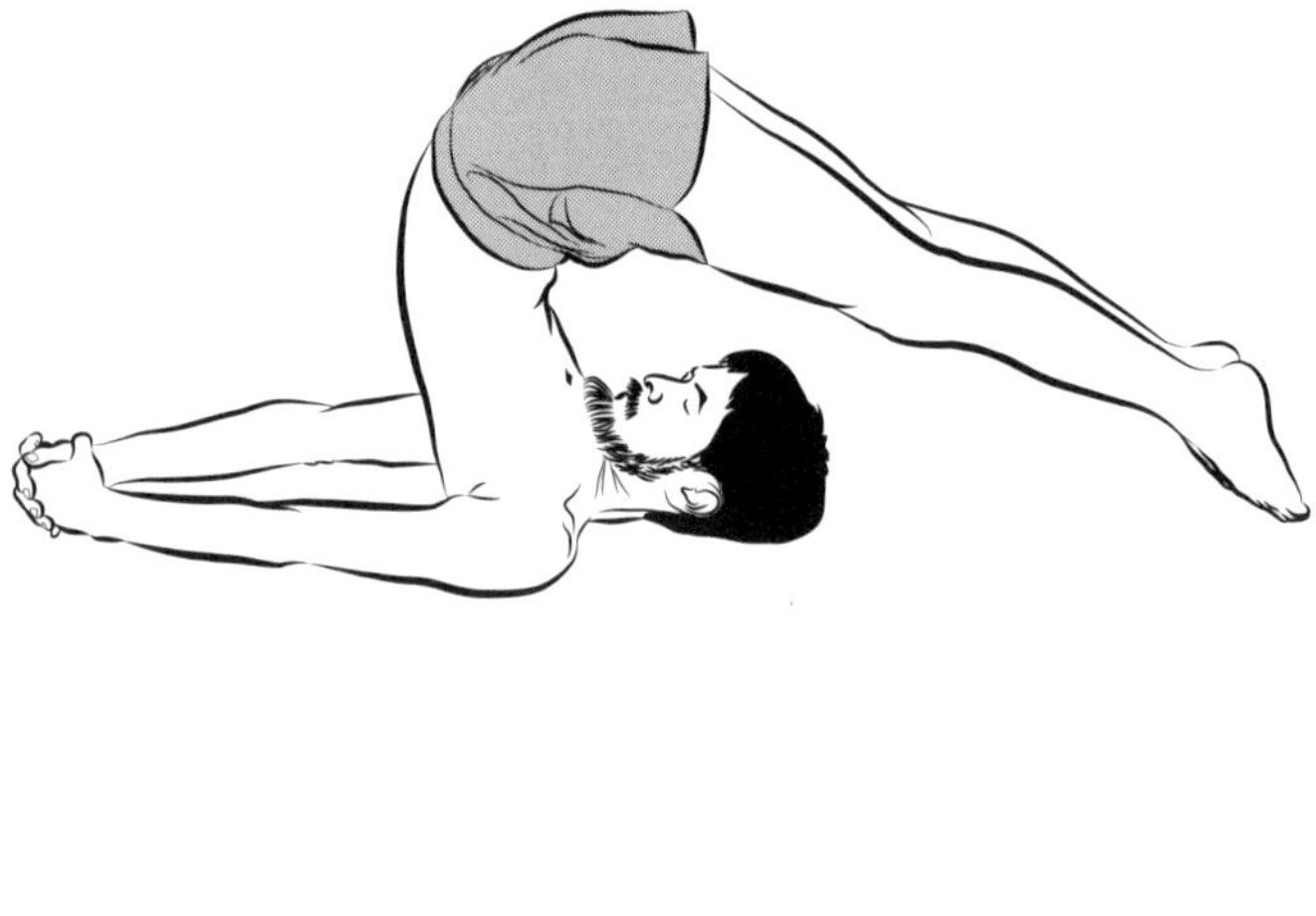

24・肩で立つポーズ（図9－24）

①仰臥し両腕と両脚をそろえ手の平を床につける。
②両脚をゆっくり床から上げ足を天井に向け、さらに頭のほうに脚を傾け腰を持ち上げる。
③両手で腰を支え、脚を垂直に戻す。肩から足先までを床に垂直に立てる。この姿勢を一分程度続ける。
④脚を再び頭のほうに傾け腰と背中の力を抜き、手の力を緩め、背中、腰、脚とゆっくり床に降ろしていく。背骨一つ一つが床についていくことに意識を向ける。
⑤①の姿勢に戻る。

図9-24

頭立ほど難しくなく危険も少ない。頭立についで重要なアーサナで、肩立ちはアーサナの母と言われる。万病に効くと言われ、特に内臓下垂には効果的。

首と背中が十分に柔軟であれば、③で手を腰から離し手の平を太モモにつけて、肩と首だけで立つことができる。

25・頭立のポーズ

①正坐で座る。

②両手の指を組み、前にかがみ床につける。（図9－25－A）

③首を丸め、組んだ手に後頭部をあて、頭頂を床につける。（図9－25－B）

④重心を前方に移動させながら、ゆっくく

図 9-25-A

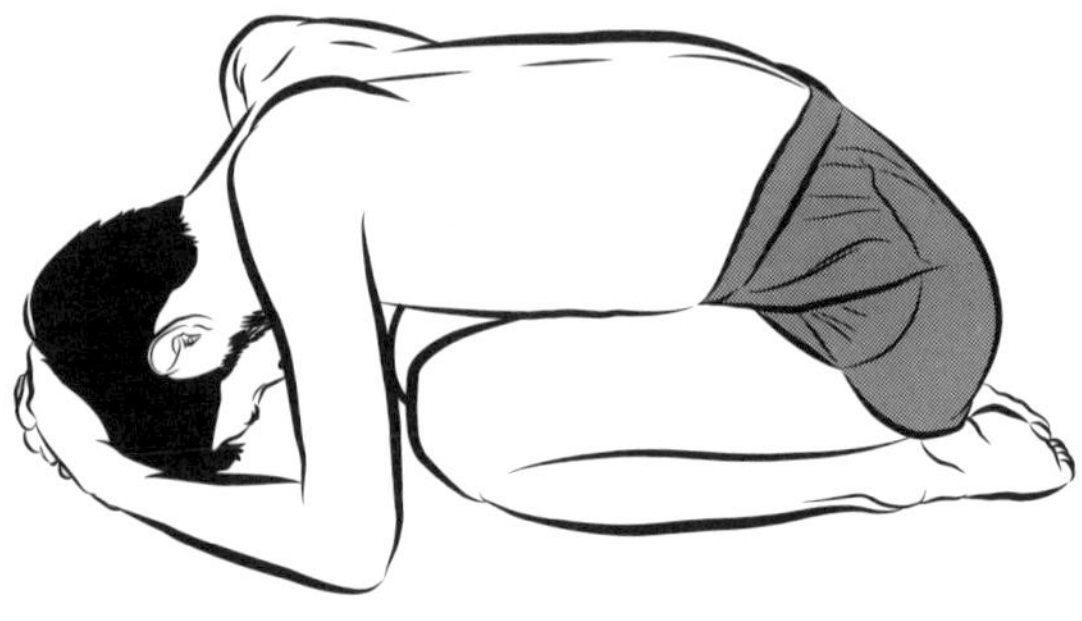

図 9-25-B

図 9-25-C

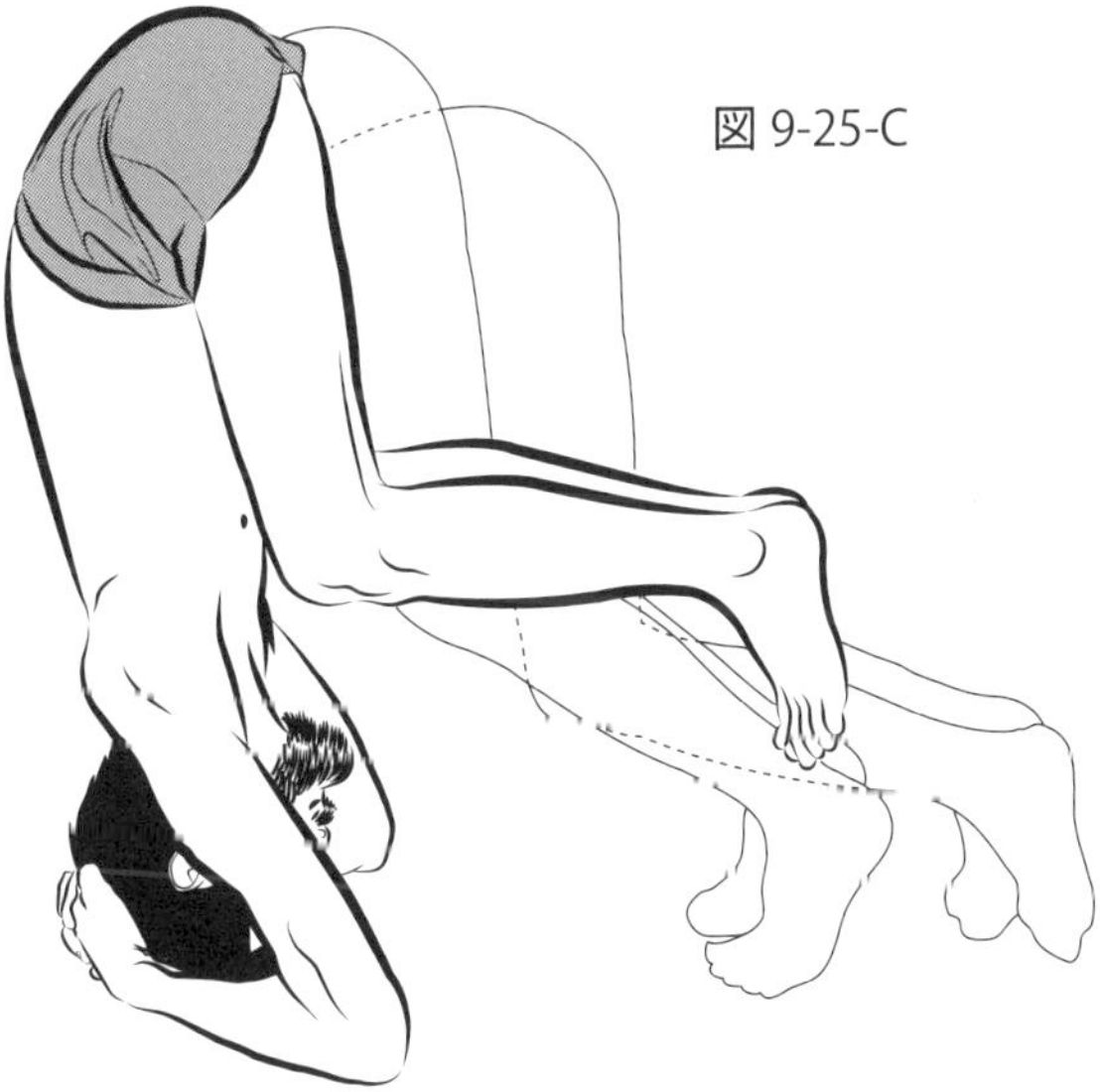

りシリを持ち上げていく。やがて足が床から浮き上がる地点がある。（図9－25－C）

⑤さらに重心を前に移動させると、足を曲げたまま頭立状態を維持できる地点がある。

⑥そこから足をゆっくり伸ばし頭立する。目を閉じないのがコツ。（図9－25－D）

⑦この姿勢を三十秒から数分維持する。足首を前後どちらかに傾けることで、前後のバランスをコントロールできる。

⑧頭立状態を崩さずにゆっくりヒザを曲げ、さらに腰を曲げてゆっくり元の姿勢に戻る。頭立したとき

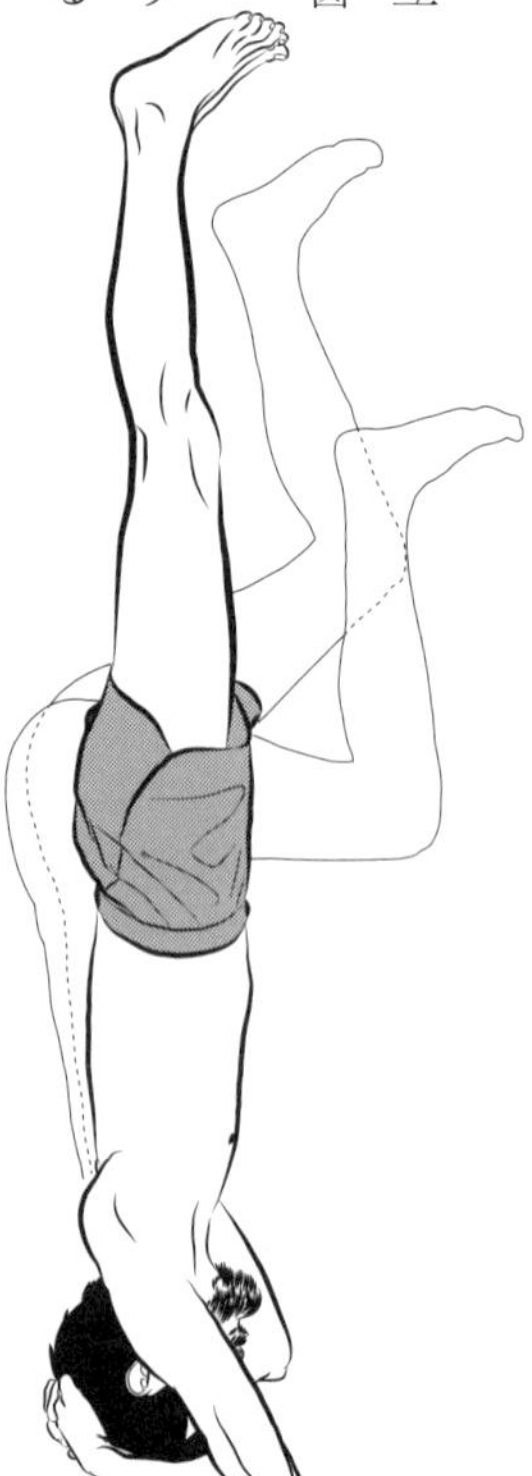

図 9-25-D

と逆のプロセスをたどるようにする。
⑨足を床に降ろしたら正坐し、両手をにぎりそれを上下に重ね、その上に額をのせて十分に休む（図9－25－E）。長く頭立したときほど長く休む。いきなり立ち上がるとめまいがすることがある。
⑩弛緩法でさらに休息する。

このアーサナは安全のため、ひと月以上、他のアーサナの実習を積んでからにしてほしい（毎週、体育の授業を受けている学生ならいきなりでもまず問題はない）。それまではかわりに24番を実習しよう。
余裕があれば⑦で頭立の時間を二〇分程度まで延ばしてもよい。

図 9-25-E

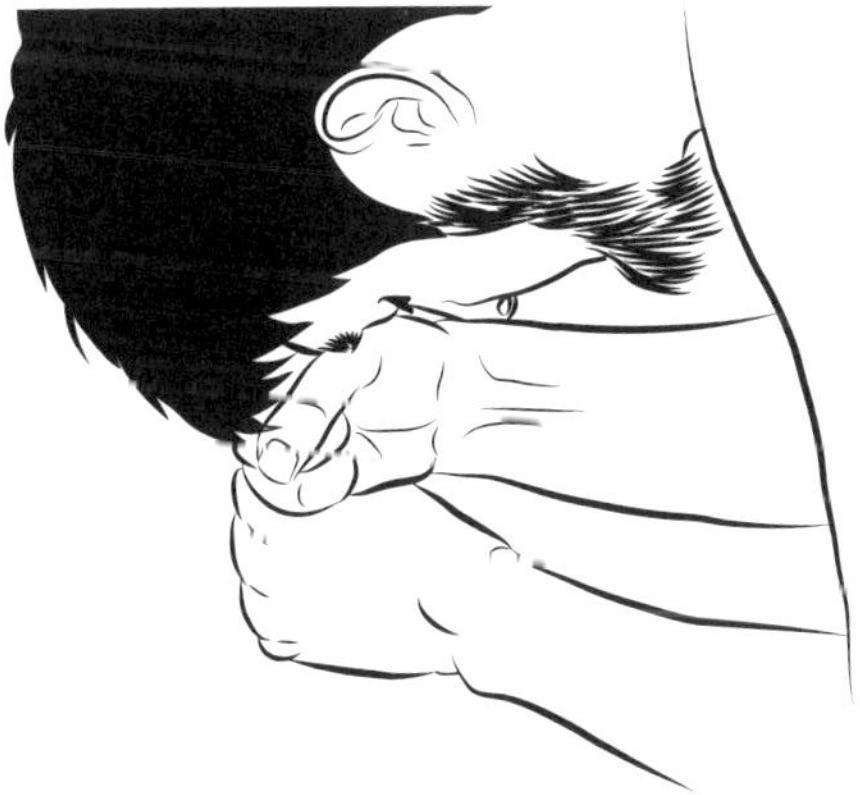

転んでも物にぶつかったりしない広い場所で練習する。まず④⑤の段階までを練習し脚を曲げた状態で頭立することを目指そう。

立とうとする前に何度も転ぶ練習をして恐怖を消そう。脚を伸ばしての頭立でバランスを維持できなくなったときは、手を頭からはずし体を丸めてコロリと前転する。

床を蹴って頭立姿勢に入る人が多いが、それは全身の柔軟性が足りず板のようになっているからそのようなやり方になってしまう。これまでのすべてのアーサナを実習すれば、やがて頭立のための諸条件が整い、④の状態からスムースに頭立姿勢に入れるようになる。

頭頂の一点に重心が集まるように立つべきで、体に無駄な力が残っているうちはまだ軸がぶれている。正確に軸が合うと無重力のような感覚になるが、前後のバランス感覚がつかめなくなり、それゆえに転倒もしやすくなる。そこが難しいところだ。

頭立はアーサナの王と言われる。脳に血液を集め、意識を活性化させ、眠気を飛ばし、ひらめきを呼び、頭脳労働には効果絶大。

太りすぎ、むち打ち症、高血圧、動脈硬化症、心臓病の人と妊婦は危険なので行ってはいけない。慢性鼻炎、中耳炎、目の病気など頭部器官の病気は悪化することがある。生理中の女性も避けたほうが無難だろう。

第10章

28日間、幽体離脱マスター訓練コース

28日間で幽体離脱をマスターする

これまでに紹介してきた訓練法を効率よく習得するためのコースを用意した。はじめの4週間で本書の各メソッドを一通り実習し、幽体離脱に成功することを目指す。

光体法のやり方自体は難しいものではないが、それを成功に導くためには肉体、幽体、心理状態、時期、環境など様々な条件が整っている必要がある。光体法だけをいくら続けてもうまくいかないときは、他のメソッドにも目を向けて総合的に訓練していくのが早道だ。

武術や楽器演奏は体ができるまでどんな技法も真価を発揮しないと言われる。体ができなければはじまらないものだ。幽体離脱は心理的な訓練だと思われがちだが、肉体と幽体と心の訓練を必要とする。

周天法は本書の中でもっとも重要で、これを実習することで幽体が活性化し光体法もうまくできるようになる。しかしそのためには呼吸法や弛緩法に熟達する必要があるし、呼吸と筋肉の弛緩は肉体のものなので肉体をある程度鍛えることが望ましい。ヨガ体位法を行えばそれらはずっと深まりをみせる。またその過程で肉体に不調があるのなら、それも治していくべきだ。意図的に行う幽体離脱には痛みのない健康な肉体が必要だ。体脱直前の無念無想状態にも慣れておく必要がある。

本書の訓練は心身ともにバランスよく発達させることを念頭に置いているので、心身ともに健康になり幽体離脱も無理なくできるようになるだろう。

なおこの訓練コースは一例にすぎない。全貌を把握したら自分なりの訓練メニューを考え練習を継続してほしい。

月の満ち欠けのリズムに乗る

幽体は月の満ち欠けの影響を受けている。月の力は潮のように満ちたり引いたりする。新月の日は引き潮で幽体の活力は最低。やがて潮が満ちていき満月で最高となり、月が欠けていくに従い活力も下がっていく。

このサイクルは春夏秋冬になぞらえると理解に深みがでる。新月は春で種を蒔く時。種は発芽し双葉を出す。上弦の月からは夏が始まり繁茂期を迎え、旺盛に葉を茂らせやがて花をつける。満月からは秋となり実をつけ収穫期を迎える。下弦の月からは冬が始まり、植物は枯れて種を大地に返す。春夏秋冬が人生の幼年期、青年期、壮年期、老年期になぞらえられることはいまさら言うまでもない。

月の満ち欠けの一周期はほぼ一カ月に相当する。その間を春夏秋冬の四つの期間に分けて、植物を育てるように蒔いた種を育てていくと自然界の流れに逆らわずに済むので効率がいい。もし読者が農業や園芸をしたことがあるのなら、季節に逆らうと多大な無駄なコストが生じ、それでいて成果はひどいものになることを知っていると思う。それは栽培に限らずあらゆる計画に言えることなのだが無視されがちだ。

なにか一念発起して物事をスタートするのは、種を蒔くことになぞらえる。発芽したばかりの苗は極端に弱い。注意を怠るとすぐに枯れてしまう。肥料をやっても吸収できずにやはり枯れてしまう。外敵にも弱い。温かく見守るべき時期だ。

これを訓練に適用するなら、他人に意見を求めたりもせずこっそり始め、簡単なことから手をつける。発芽したての段階では成長も緩慢だ。焦っても成長は早くならない。日々の水やりを絶やさないように継続することに重点を置く。繁茂期になると簡単には枯れなくなる。色々な訓練を試してみる。創意工夫をしてみるのもよいことだ。

周天法で体脱のための（開花のための）エネルギーをためよう。収穫期に入ったら光体法を試みる。冬になったらそれまでの訓練を振り返り、今後の進め方を検討しよう。

28日間訓練コース

訓練は巻末の暦表を見て新月の日から始めよう。

七日ごとに休みの日を設けているが、必ず休みにする必要があるわけではない。それまでに実習した訓練を深めることに使ってもよい。

訓練の時間をとれなかったときは、日程をスキップせずにそのまま続ければいい。ただし満月を待ちかまえるとか、時期が重要になるものは、スケジュールを無視しても実行しよう。

精力の衰えを感じ始めた中年以降の人は、禁欲をメニューに追加するとよいだろう。上弦の月から下弦の月までの二週間に周天法と光体法を集中的に行うが、この期間に性エネルギーが十分蓄えられている状態にしておくことが望ましい。

訓練期間中、ヘミシンクやバイノーラルビートなど脳波を強制誘導しようとするサウンドを併用せず、まず基本のやり方を試してほしい。いつまでも補助輪に頼っていたら自転車に乗れるようにはならない。あなた自身の潜在能力を信じなくてどうする。

1日目　新しい命の書を用意し

第4章「継続法」を読む。訓練をやめてしまうと幽体離脱はできないので、ノートを用意して訓練日記を始める。そして一日のお勤めを用意する。お勤めの成否の記録が続くかぎりあなたは訓練をやめていない。日記をやめてしまったときは本当に諦めてしまったときだ。

訓練を始めたことは他者にはしばらく黙っていよう。それから夢を見たときは記録する。日記とお勤めが習慣化するよう、これから数日間は継続する意志を強くもってほしい。ほんの数日間だ。

これからも読むべき章を指定することがたびたびあるが、その日必要と思えるところだけを拾い読みするのでかまわない。

◇日記のサンプル

×年△月☆日　◇曜日　天候　晴れ　新月

訓練コース1日目

お勤め‥

　朝　しなかった

　昼　行った

夕　行った。少し遅れた。

夢：

空襲で爆弾がふってくる夢を見た。昭和初期の古い町並みだった。

2日目　新月に身を浸し死ぬ

第3章「弛緩法」を読み、実習する。床の上か布団の中に寝て行う。枕は使わない。

新月をすぎ、これから月のエネルギーは上昇していくが、上弦の月をすぎるまではまだ弱い。第7日までは準備的な練習をしていく。

夕暮れ時や夜の町を散歩して、町の雰囲気や空気感に注意を向けてみよう。また自分の感情状態にも注意を向けよう。ただしあまり表面的なところに注意を向けないように。一日全体をとおしての、その日のトーンをつかむ。とはいえ一日だけ観察しただけではわからない。他の日も観察してはじめて差異に気づくことができる。

◇日記のサンプル

（お勤めや日付は割愛）

メモ：

弛緩法は目の周りが緊張しているのがわかった。
夕方の街を観察した。変わった様子はないが、いつもより静かな気がする。

3日目　そして蘇り息を吹き返し

第7章「呼吸法」を読む。「弛緩法」と「呼吸法」を続けて実践する。床か布団の中で寝て行う。自分に適切だった呼吸比率を日記に書いておく。

4日目　坐る

毎日のお勤めを欠かさずに続けているだろうか。成否の記録を続けているならうまくいっている。今日は瞑想法をやってみよう。
第5章「瞑想法」を読む。第6章「坐法」を読み、そのなかから好みの坐法を選ぶ。坐った姿勢で弛緩法と呼吸法を行った後で、逆向き瞑想法を実践。一〇分間くらいは坐ろう。

◇日記のサンプル

メモ：
坐った姿勢での弛緩法は少し勝手が違う。呼吸法は仰向けの姿勢より楽に感じる。逆向き瞑想はうまく思い出せたと思うが……。

5日目　幽界に渡る船の青写真を描き

第2章「光体法」を読む。光体のデザインを考えよう。絵を描いてみるとよいだろう。一度決めたら変更しないほうがよいので、「これでいい」ではなく「これだ」というデザインを考えよう。

今日からヨガ体位法を始める。第9章「ヨガ体位法」を読み注意事項を知っておいてほしい。体位法は1〜3、14、17番のみ行う。これから毎日少しずつ量を増やしていく。まだたいした運動量ではないので、最後の弛緩法は省略してもよい。

好みの坐法で坐り、弛緩法と呼吸法、銀幕瞑想法を行い、心が静かになったら光体の視覚化を行う。8番と10番は周天法ができるようになってから使う。光体をありありとイメージし、向きを変えて様々な視点からそれをながめイメージを固める。

6日目　船の柱を立てながら時を読み

ヨガ体位法1〜4、14、17番。好みの坐法で坐り、弛緩法と呼吸法、銀幕瞑想法を行う。呼吸法は片鼻呼吸（122ページ）をやってみよう。心が静かになったら昨日に引き続き光体の視覚化を行う。一五分間は坐ろう。

そろそろ上弦の月を迎える。上弦月になる日は場合によっては二日くらい先になるかもしれないが少し前に予告しておく。満月を山の頂上と見なすと、上弦月はちょうど五合目にさしかかったところだ。暦表を見て上弦月になる時間を調べる。そしてその時を待ち構えて、その瞬間を意識しよう。ただし寝ている時間帯にそれが起きるときはまたの機会にでも。

7日目　七日分の命の書をめくる

日記をもとに七日間をふり返ろう。そして要約や所感を書く。書き忘れた日があっても、今からでも遅くはないので思い出して書こう。

今日は七日目で日曜日に相当するのでお勤め日記以外の訓練は休み。ただしこれまでに実習しそびれていたものがあるならそれをやってほしい。

8日目　問う、自分はどこにいるのか

ヨガ体操は1〜5番、14、17番。坐って弛緩法と片鼻呼吸法、逆向き瞑想法を行う。心が静かになったら意識の重心（32ページ）が自分の体の中のどこにあるか探そう。「私」とか「僕」という言葉を心の中で繰り返し、体のどのあたりでそれが響くか感じ取ろう。今日は重心点

を探ることに集中しよう。

上弦の月になった時刻を確認できただろうか。上弦の月から満月までは、過去七日間の試みを応用した実験に取り組むサイクルだ。

9日目　光あれ

ヨガ体操は1〜6、10、14番。坐って弛緩法と呼吸法、銀幕瞑想法。

今日から周天法の実習を始める。第8章「周天法」を読む。頭頂と胸と足元に光球を視覚化によって作り出す。今日から3日間、光球の形成を続ける。本来はこのプロセスに二週間くらいかけたほうがよいのだが、やり方を把握することを優先する。

光球の視覚化が終わったら、引き続き光体の視覚化を行う。

10日目　陽は輝きを増し船の影は濃くなる

ヨガ体操は1〜7、10、14番。坐って弛緩法と呼吸法、聴音瞑想法で雑念を消す。昨日と同様銀幕瞑想でもかまわないが変化をつけてみよう。

その後、光球の視覚化と光体の視覚化を行う。

11日目　やがて夜の帳が降り、虫が鳴きはじめる

ヨガ体操は1～8、11、14番。坐って弛緩法と呼吸法、聴音瞑想法または銀幕瞑想法で雑念を消す。その後、光球の視覚化と光体の視覚化を行う。

今日は一日のサイクルの中に春夏秋冬を見る練習をしよう。朝と昼は春と夏、夕と夜は秋と冬、大きく分ければ昼（朝昼）と夜（秋冬）だ。

日没のころ夜がやってくる時間を待ちかまえ、昼と夜が切り替わる瞬間を確認してみよう。あるところで空間の気配がカチッと変わり、「ああ、夜が来た」と感じる瞬間がある。同様に朝がやってくる瞬間も待ちかまえていればはっきりわかる。屋外だとさらにわかりやすい。これまで瞑想を続けてきたから、そういう感受性も高まっているはずだ。

12日目　水銀燈に明かりを灯し、力を召還する

ヨガ体操は1～9、11、14番。だいぶ運動量が増えてきた。途中で疲れを感じたときは無理をせず適当に加減しながらゆるゆる進めていってほしい。

これまで光球形成を続けてきたが、いよいよ周天法でエネルギーを引き入れるときがきた。坐って弛緩法と呼吸法、聴音瞑想法または銀幕瞑想法で雑念を消す。

周天法の前に「会陰の引き締め」（148ページ）を行うとより効果的だ。

13日目　満ちよ、満ちよ、力よ満ちよ

ヨガ体操は1～10、13、16番。昨日と同様、周天法・上下の回流を続けよう。

もうすぐ満月を迎える。巻末の暦表を見て日付と時刻を覚えておき、満月になる時刻を待ちかまえよう。

満月の日は、地球を挟んで月と太陽が一直線に並ぶ。だから地球が自転し日が暮れるとすぐに月が昇ってくる。月の反対側に太陽があるので日没とともに月が昇る。それを実際に目で見て確認しよう。ただし正確に一直線に並ぶ時刻と日没の時刻にはずれがあるので、多少のタイムラグはある。

夜の散歩をして満月の日の空気感を肌で感じよう。新月のころとどう違うだろうか。

14日目　ラッキー今夜は満月だ

訓練はお休みの日だが、光体法のために幽体のエネルギーを高めておく必要があるので周天法は続行する。ヨガ体操は休み。これまでの七日間をふり返り要約や所感を書く。

今日はなるべく長時間周天法をしよう。

15日目　築いた船にエーテルを満たし

ヨガ体操は1～11、13、16番。

昨日と同様、周天法の上下の回流と前後の回流を行うが、今日は引き入れたエネルギーを光体にチャージする練習をする（141ページ）。幽体離脱のときは仰臥位で行うが、今日は坐って実行する。あくまでも練習でやり方を把握すればそれでいい。

16日目　黄泉の番犬に見つからぬよう身を隠す

今日から五日間、集中的に光体法を実習していこう。満月を挟んだ前後数日間は、幽体離脱にとても有利な時期だ。また満月から下弦の月までは、これまでの努力が結実していく時期でもある。うまくいけばこの間に幽体離脱できる。

ヨガ体操は1～12、16、20番。これまでヨガの後に瞑想か周天法を行ってきたが、今日からはこの原則に従わなくてもいい。昼間ヨガ体操をして、夜眠る前に光体法をするとか時間をあけてもかまわない。

これまで周天法と光体法を坐って行ってきたが、これからは布団の中で周天法と光体法を試みる。横たわった姿勢だと寝てしまうこともよく起きるが、眠りに入る直前のまどろみの意識状態で周天法や光体法を行っていると、奇妙で異常な体験が多発する（41ページ）。恐れを抱かず冷静に幽体離脱を目指してほしい。

17日目　船の出来は上々、浅瀬で試運転

ヨガ体操は1～13、16、20番。

昨日と同様、布団の中で周天法と光体法を行う。

18日目　明日は出立、旅支度

ヨガ体操は1～14、19、24番。

今晩もこれまで同様光体法を続けるが、このとき離脱する意図は持たず周天法で光体にエネルギーをチャージするだけにしておく。意識の重心は動かさない。十分にそれができたら姿勢を崩して普通に寝る。

目覚まし時計をセットしておき、明日は一～二時間早めに起きる（睡眠時間を減らす）。起きたらトイレを済ませる。このときテレビや新聞を見たりメールチェックをしたりせず、実生活に接触しないよう退屈にしておく。起きてから二〇分くらいだろうか。まだ寝ようと思えば眠れる程度の目の覚まし加減にする。

再び布団に入り今度は本気で光体法を行う。

学校や会社に遅刻しないように、目覚まし時計をセットしたくなるかもしれないがそれはやめたほうがいい。失敗したら遅刻する可能性が高いがそれを賭して実行することに意味がある。はじめて成功したなら驚きとともに目を覚ますものなので遅刻することはまずない。それに成功したなら遅刻などどうでもいいことだろう（笑）。「身を捨ててこそ浮かぶ瀬もあれ」。必ず幽体離脱する決意をもって事に臨もう。

19日目　朝、次元の壁を越える音がする

ヨガ体操は1〜15、19、24番。会陰の引き締め。

早起きしての光体法は成功しただろうか。幽体離脱後、自分の手を見ることを忘れていなければ文句なく成功したと見なしてよい。手を見ることを忘れたならまだもうひと押し足りない。また日記には体脱した時刻や天候、経験した内容についてできるだけ正確に書いておく。

今日も続けて体脱しよう。成功した日から二〜三日は体脱によい条件が整っている。なるべく昨日と同じ条件を整えて挑戦してほしい。

うまく体脱できなかったとしても焦る必要はない。今日も同じように続けよう。昨日と同様に眠る前には光体の視覚化と賦活。次の日、早めに起きて本気の光体法。

20日目　ここはどこ？　私はなにをしているの？

ヨガ体操は1～16、19、23番。23番は初めてなので慎重に。特に太り気味の人は注意。

昨日と同様に眠る前には光体の視覚化、次の日、早めに起きて本気の光体法。

訓練を始めてからもうすぐ三週間。この時期は要注意で、訓練をやめてしまいたくなる時期だ。しかし幽体離脱に限らず、この時期を乗り越えられない人は、いつまでたっても先には進めない。他のことに乗り換えても、同じようにこの時期はやってくるからだ。

21日目　後ろ髪を引かれる思いで帰路につく

今日は第三週の最後の日。昨日の続きの、本気の光体法が終わったらあとは休み。

満月から七日間の日記を要約しよう。上弦の月からの七日間と、満月からの七日間の差異を確認しよう。

光体法を連日続けてきたがどんなことが起きただろうか。本気でそれを行ってきたなら、なにも目立った変化はないということはまずありえないと思う。しかしここ六日間のことなので、幽体離脱するところまでは到達できなかったかもしれない。私も成功するまでに三カ月以上かかったので焦らないでほしい。

「早く幽体離脱したくてしょうがない」というギラギラした渇望が幽体離脱を妨げる。「悟りを開きたい」と欲して瞑想していても、その欲望が執着となってかえって悟れなくなるという話があるが、その法則は幽体離脱にも適用できるようだ。幽体離脱するには肉体の弛緩が必要なように心の弛緩も必要だ。それを期待するでもなくあきらめるでもなくという態度が鍵なのだが、欲望の強さを自在に加減できる人はいないだろう。日々の日課を淡々と続けていてちょっと疲れてきたころ、欲望が疲れて心の力みがとれたときに成功する。

22日目　水銀燈に明かりを灯し、錬成の仕上げ

まだ三日くらいは光体法を続けてもよいところだが、新月を迎えるまでに残りのメソッドを習得してしまおう。どのみち光体法は短期集中型の努力はあまり通用しない。次のサイクルに再び試みよう。月の力の加勢も弱まってきているので、再び周天法で幽体の筋トレに励むほうが得策だ。

ヨガ体操は1～17、23番。これまで横たわって周天法と光体法を続けてきたが、今日からは再び坐って行う。

23日目　眠りに落ちるまで力と戯れ

ヨガ体操は1～19、23番。その後、昨日と同様に周天法・左右の回流。昨日よりも時間を

かけて行う。またこれとは別に、布団の中で眠りに落ちるまで周天法を続けてみるとか弛緩法のみを練習する。

24日目　螺旋の竜を幽体に刻んだら

ヨガ体操は1～20番。

その後周天法を実習しよう。

25日目　霊的回路は完成する

ヨガ体操は1～21、24番。

今日は周天法のすべての回流法（上下、前後、左右、螺旋）をすべて行おう。いつもより倍くらいの時間をかけて念入りに行ってほしい。眠るときに布団の中でも、眠りに落ちるまで周天法を続けてみよう。

本書では惰性でも継続することの重要性を強調してきたが、時にはこれでもかというくらい集中することが有効なときもある。初心者がいきなりそんなことをするのは危険だが、体ができてきてメソッドにも慣れてきたなら、覚悟の上の無茶はよい結果を生むことが多い。瞑想法、光体法、周天法などを自分の限界まで長時間続けてみることを、いつかやってみるといいと思う。

26日目　火を灯し古い古い記憶をたぐれ

ヨガ体操は1〜23番。22番はちょっと難しいかもしれない。無理そうなら簡単なやり方で行う。今日で頭立を除いたすべてのアーサナを実習したことになる。体が少し締まってきたことを感じるだろう。睡眠も深まり内臓の調子もよくなってきたはずだ。一カ月続けただけでも体はかなり変化するものだ。

今日はロウソク瞑想をやってみよう。

27日目　老賢人はここにいる

ヨガ体操は1〜24番。

下弦の月のサイクルももうすぐ終わる。新月を迎える前に部屋を掃除しよう。そしてその後で内面のグル瞑想（88ページ）をやってみよう。幽体離脱にまだ成功していないなら、どうすればよいか尋ねてみよう、と言いたいところだが、実際に瞑想を始めたらそんなことは愚問だと感じるかもしれない。どうすればよいかあなたはすでに知っている。内面のグルの答えとはそういうものだ。

28日目　錬成の終わり、そして始まり

今日の訓練は休み。もうすぐ新月を迎えるが、まだ一～二日ほど先になることもある。新月になるまでは休みの期間とする。訓練をするのもかまわないが、軽めにしておくほうがよいだろう。

七日間をふり返り要約しよう。各週の要約を読み返し一カ月間（これまでの二八日間）の要約も書いてみよう。

新月の時刻を調べてもし寝ている時刻でないなら、その時を待ちかまえ、その時間帯に瞑想するのもよい。心身ともに動きを止め無念無想の境地を目指そう。

それから新月の日は次のサイクルに向けての願をかけるといい。新月の願かけは実現しやすい。

次のサイクルの訓練指針

28日間の訓練コースを終えたら本書の実技はほぼすべて履修したことになる。次のサイクルではそれらをさらに深めていってほしい。

とくに周天法をしっかり行うと、光体法の成果はそれについてくる。

上弦の月から満月そして下弦の月までは、周天法と光体法に重点を置く。残りの期間は周天法や瞑想法がよいだろう。新月と満月をのぞいて二日程度のずれは気にしなくていい。それよりも月の力を肌身で感じられるようになろう。それが実感としてつかめれば、自然と行動もそれに合わせるようになるものだ。

ヨガ体操はなるべく毎日続けよう。肉体は変化が遅く目に見えて体が変わってくるのは三カ月後だ。これまで続けてきたのであれば、体が習慣として覚えているし体力も向上しているはずなので、すべてのアーサナを毎日行うことは体力的には簡単だと思う。そうなってきたら頭立の練習を始めよう。それができるようになったら瞑想の前に行うとよい。これまで以上に深い瞑想ができるようになる。

年間を通しての訓練指針

月が三周すると約三カ月となり、これは一つの季節に相当する。最初の三周分を春として一二周分を一年サイクルの春夏秋冬に合わせることもできる。

訓練開始の起点を春分あたりに取れば太陽のリズムにも合わせることができる。ただし月の満ち欠けサイクルは毎回わずかに変動し、一二周しても三六五日に満たず一週間くらい余る。しかしこまかいことを気にすると本質を見失う。季節の移り変わりや、月の満ち欠けの流れを肌で感じてそれに乗ることが重要なのであり、大ざっぱにそれをつかんでいればいい。

これまで月の満ち欠けのサイクルに四季をなぞらえ、その流れに乗るように訓練を続けてきた。今後もそれを継続するうえでもう一つ着目すべきサイクルがある。それは太陽のサイクルで、それは一年間の四季の流れを支配している。

四季の巡りをより細分化したものとして二十四節気は広く知られている。これは地球から見た太陽の軌道である黄道を春分点である〇度から一五度ずつに均等分割し、二四のセクターに名前をつけたものだ。春分、夏至、秋分、冬至、などは二十四節気の一部の名前だ。

西洋占星術では黄道を春分点から三〇度ずつ均等分割しそれを黄道十二宮と呼ぶ。太陽が春分点に来ると牡羊座の始まり、夏至は蟹座、秋分は天秤座、冬至は山羊座が始まる。

一年間を通してこのような二十四節気または黄道十二宮の移り変わりをウォッチして、四季の変化を肌で感じられるようにしていこう。

月相表

新月、上弦の月、満月、下弦の月を迎える日時と曜日、月星座を日本標準時で掲載している。

日付	曜日	時刻	月相	月サイン
2013-01-05	土	12:58	下弦	天秤
2013-01-12	土	04:44	新月	山羊
2013-01-19	土	08:45	上弦	牡羊
2013-01-27	日	13:38	満月	獅子
2013-02-03	日	22:56	下弦	蠍
2013-02-10	日	16:20	新月	水瓶
2013-02-18	月	05:31	上弦	牡牛
2013-02-26	火	05:26	満月	乙女
2013-03-05	火	06:53	下弦	射手
2013-03-12	火	04:51	新月	魚
2013-03-20	水	02:27	上弦	双子
2013-03-27	水	18:27	満月	天秤
2013-04-03	水	13:37	下弦	山羊
2013-04-10	水	18:35	新月	牡羊
2013-04-18	木	21:31	上弦	蟹
2013-04-26	金	04:57	満月	蠍
2013-05-02	木	20:14	下弦	水瓶
2013-05-10	金	09:28	新月	牡牛
2013-05-18	土	13:35	上弦	獅子
2013-05-25	土	13:25	満月	射手
2013-06-01	土	03:58	下弦	魚
2013-06-09	日	00:56	新月	双子
2013-06-17	月	02:24	上弦	乙女
2013-06-23	日	20:32	満月	山羊
2013-06-30	日	13:54	下弦	牡羊
2013-07-08	月	16:14	新月	蟹
2013-07-16	火	12:18	上弦	天秤
2013-07-23	火	03:16	満月	水瓶
2013-07-30	火	02:43	下弦	牡牛
2013-08-07	水	06:51	新月	獅子

2014-03-31	月	03:45	新月	牡羊
2014-04-07	月	17:31	上弦	蟹
2014-04-15	火	16:42	満月	天秤
2014-04-22	火	16:52	下弦	水瓶
2014-04-29	火	15:14	新月	牡牛
2014-05-07	水	12:15	上弦	獅子
2014-05-15	木	04:16	満月	蠍
2014-05-21	水	21:59	下弦	魚
2014-05-29	木	03:40	新月	双子
2014-06-06	金	05:39	上弦	乙女
2014-06-13	金	13:11	満月	射手
2014-06-20	金	03:39	下弦	魚
2014-06-27	金	17:08	新月	蟹
2014-07-05	土	20:59	上弦	天秤
2014-07-12	土	20:25	満月	山羊
2014-07-19	土	11:08	下弦	牡羊
2014-07-27	日	07:42	新月	獅子
2014-08-04	月	09:50	上弦	蠍
2014-08-11	月	03:09	満月	水瓶
2014-08-17	日	21:26	下弦	牡牛
2014-08-25	月	23:13	新月	乙女
2014-09-02	火	20:11	上弦	射手
2014-09-09	火	10:38	満月	魚
2014-09-16	火	11:05	下弦	双子
2014-09-24	水	15:14	新月	天秤
2014-10-02	木	04:33	上弦	山羊
2014-10-08	水	19:51	満月	牡羊
2014-10-16	木	04:12	下弦	蟹
2014-10-24	金	06:57	新月	蠍
2014-10-31	金	11:48	上弦	水瓶
2014-11-07	金	07:23	満月	牡牛

2013-08-14	水	19:56	上弦	蠍
2013-08-21	水	10:45	満月	水瓶
2013-08-28	水	18:35	下弦	双子
2013-09-05	木	20:36	新月	乙女
2013-09-13	金	02:08	上弦	射手
2013-09-19	木	20:13	満月	魚
2013-09-27	金	12:55	下弦	蟹
2013-10-05	土	09:35	新月	天秤
2013-10-12	土	08:02	上弦	山羊
2013-10-19	土	08:38	満月	牡羊
2013-10-27	日	08:40	下弦	獅子
2013-11-03	日	21:50	新月	蠍
2013-11-10	日	14:57	上弦	水瓶
2013-11-18	月	00:16	満月	牡牛
2013-11-26	火	04:28	下弦	乙女
2013-12-03	火	09:22	新月	射手
2013-12-10	火	00:12	上弦	魚
2013-12-17	火	18:28	満月	双子
2013-12-25	水	22:48	下弦	天秤
2014-01-01	水	20:14	新月	山羊
2014-01-08	水	12:39	上弦	牡羊
2014-01-16	木	13:52	満月	蟹
2014-01-24	金	14:19	下弦	蠍
2014-01-31	金	06:39	新月	水瓶
2014-02-07	金	04:22	上弦	牡牛
2014-02-15	土	08:53	満月	獅子
2014-02-23	日	02:15	下弦	射手
2014-03-01	土	17:00	新月	魚
2014-03-08	土	22:27	上弦	双子
2014-03-17	月	02:08	満月	乙女
2014-03-24	月	10:46	下弦	山羊

2015-07-02	木	11:20	満月	山羊
2015-07-09	木	05:24	下弦	牡羊
2015-07-16	木	10:24	新月	蟹
2015-07-24	金	13:04	上弦	蠍
2015-07-31	金	19:43	満月	水瓶
2015-08-07	金	11:03	下弦	牡牛
2015-08-14	金	23:53	新月	獅子
2015-08-23	日	04:31	上弦	蠍
2015-08-30	日	03:35	満月	魚
2015-09-05	土	18:54	下弦	双子
2015-09-13	日	15:41	新月	乙女
2015-09-21	月	17:59	上弦	射手
2015-09-28	月	11:50	満月	牡羊
2015-10-05	月	06:06	下弦	蟹
2015-10-13	火	09:06	新月	天秤
2015-10-21	水	05:31	上弦	山羊
2015-10-27	火	21:05	満月	牡牛
2015-11-03	火	21:24	下弦	獅子
2015-11-12	木	02:47	新月	蠍
2015-11-19	木	15:27	上弦	水瓶
2015-11-26	木	07:44	満月	双子
2015-12-03	木	16:40	下弦	乙女
2015-12-11	金	19:29	新月	射手
2015-12-19	土	00:14	上弦	魚
2015-12-25	金	20:11	満月	蟹
2016-01-02	土	14:30	下弦	天秤
2016-01-10	日	10:30	新月	山羊
2016-01-17	日	08:26	上弦	牡羊
2016-01-24	日	10:46	満月	獅子
2016-02-01	月	12:28	下弦	蠍
2016-02-08	月	23:39	新月	水瓶

2014-11-15	土	00:15	下弦	獅子
2014-11-22	土	21:32	新月	射手
2014-11-29	土	19:06	上弦	魚
2014-12-06	土	21:27	満月	双子
2014-12-14	日	21:51	下弦	乙女
2014-12-22	月	10:36	新月	山羊
2014-12-29	月	03:31	上弦	牡羊
2015-01-05	月	13:53	満月	蟹
2015-01-13	火	18:46	下弦	天秤
2015-01-20	火	22:14	新月	水瓶
2015-01-27	火	13:48	上弦	牡牛
2015-02-04	水	08:09	満月	獅子
2015-02-12	木	12:50	下弦	蠍
2015-02-19	木	08:47	新月	水瓶
2015-02-26	木	02:14	上弦	双子
2015-03-06	金	03:05	満月	乙女
2015-03-14	土	02:48	下弦	射手
2015-03-20	金	18:36	新月	魚
2015-03-27	金	16:43	上弦	蟹
2015-04-04	土	21:06	満月	天秤
2015-04-12	日	12:44	下弦	山羊
2015-04-19	日	03:57	新月	牡羊
2015-04-26	日	08:55	上弦	獅子
2015-05-04	月	12:42	満月	蠍
2015-05-11	月	19:36	下弦	水瓶
2015-05-18	月	13:13	新月	牡牛
2015-05-26	火	02:19	上弦	乙女
2015-06-03	水	01:19	満月	射手
2015-06-10	水	00:42	下弦	魚
2015-06-16	火	23:05	新月	双子
2015-06-24	水	20:03	上弦	天秤

2016-10-01	土	09:11	新月	天秤
2016-10-09	日	13:33	上弦	山羊
2016-10-16	日	13:23	満月	牡羊
2016-10-23	日	04:14	下弦	蟹
2016-10-31	月	02:38	新月	蠍
2016-11-08	火	04:51	上弦	水瓶
2016-11-14	月	22:52	満月	牡牛
2016-11-21	月	17:33	下弦	獅子
2016-11-29	火	21:18	新月	射手
2016-12-07	水	18:03	上弦	魚
2016-12-14	水	09:05	満月	双子
2016-12-21	水	10:56	下弦	乙女
2016-12-29	木	15:53	新月	山羊
2017-01-06	金	04:47	上弦	牡羊
2017-01-12	木	20:34	満月	蟹
2017-01-20	金	07:13	下弦	蠍
2017-01-28	土	09:07	新月	水瓶
2017-02-04	土	13:19	上弦	牡牛
2017-02-11	土	09:33	満月	獅子
2017-02-19	日	04:33	下弦	射手
2017-02-26	日	23:58	新月	魚
2017-03-05	日	20:32	上弦	双子
2017-03-12	日	23:54	満月	乙女
2017-03-21	火	00:58	下弦	山羊
2017-03-28	火	11:57	新月	牡羊
2017-04-04	火	03:39	上弦	蟹
2017-04-11	火	15:08	満月	天秤
2017-04-19	水	18:57	下弦	山羊
2017-04-26	水	21:16	新月	牡牛
2017-05-03	水	11:47	上弦	獅子
2017-05-11	木	06:42	満月	蠍

2016-02-15	月	16:46	上弦	牡牛
2016-02-23	火	03:20	満月	乙女
2016-03-02	水	08:11	下弦	射手
2016-03-09	水	10:54	新月	魚
2016-03-16	水	02:03	上弦	双子
2016-03-23	水	21:01	満月	天秤
2016-04-01	金	00:17	下弦	山羊
2016-04-07	木	20:24	新月	牡羊
2016-04-14	木	12:59	上弦	蟹
2016-04-22	金	14:24	満月	蠍
2016-04-30	土	12:29	下弦	水瓶
2016-05-07	土	04:29	新月	牡牛
2016-05-14	土	02:02	上弦	獅子
2016-05-22	日	06:14	満月	射手
2016-05-29	日	21:12	下弦	魚
2016-06-05	日	12:00	新月	双子
2016-06-12	日	17:10	上弦	乙女
2016-06-20	月	20:02	満月	射手
2016-06-28	火	03:19	下弦	牡羊
2016-07-04	月	20:01	新月	蟹
2016-07-12	火	09:52	上弦	天秤
2016-07-20	水	07:57	満月	山羊
2016-07-27	水	08:00	下弦	牡牛
2016-08-03	水	05:44	新月	獅子
2016-08-11	木	03:21	上弦	蠍
2016-08-18	木	18:27	満月	水瓶
2016-08-25	木	12:41	下弦	双子
2016-09-01	木	18:03	新月	乙女
2016-09-09	金	20:49	上弦	射手
2016-09-17	土	04:05	満月	魚
2016-09-23	金	18:57	下弦	蟹

2018-01-02	火	11:24	満月	蟹
2018-01-09	火	07:25	下弦	天秤
2018-01-17	水	11:17	新月	山羊
2018-01-25	木	07:20	上弦	牡牛
2018-01-31	水	22:27	満月	獅子
2018-02-08	木	00:54	下弦	蠍
2018-02-16	金	06:05	新月	水瓶
2018-02-23	金	17:09	上弦	双子
2018-03-02	金	09:51	満月	乙女
2018-03-09	金	20:20	下弦	射手
2018-03-17	土	22:11	新月	魚
2018-03-25	日	00:35	上弦	蟹
2018-03-31	土	21:37	満月	天秤
2018-04-08	日	16:17	下弦	山羊
2018-04-16	月	10:57	新月	牡羊
2018-04-23	月	06:46	上弦	獅子
2018-04-30	月	09:58	満月	蠍
2018-05-08	火	11:09	下弦	水瓶
2018-05-15	火	20:48	新月	牡牛
2018-05-22	火	12:49	上弦	乙女
2018-05-29	火	23:19	満月	射手
2018-06-07	木	03:32	下弦	魚
2018-06-14	木	04:43	新月	双子
2018-06-20	水	19:51	上弦	乙女
2018-06-28	木	13:53	満月	山羊
2018-07-06	金	16:51	下弦	牡羊
2018-07-13	金	11:48	新月	蟹
2018-07-20	金	04:52	上弦	天秤
2018-07-28	土	05:20	満月	水瓶
2018-08-05	日	03:18	下弦	牡牛
2018-08-11	土	18:58	新月	獅子

2017-05-19	金	09:33	下弦	水瓶
2017-05-26	金	04:44	新月	双子
2017-06-01	木	21:42	上弦	乙女
2017-06-09	金	22:10	満月	射手
2017-06-17	土	20:33	下弦	魚
2017-06-24	土	11:31	新月	蟹
2017-07-01	土	09:51	上弦	天秤
2017-07-09	日	13:07	満月	山羊
2017-07-17	月	04:26	下弦	牡羊
2017-07-23	日	18:46	新月	獅子
2017-07-31	月	00:23	上弦	蠍
2017-08-08	火	03:11	満月	水瓶
2017-08-15	火	10:15	下弦	牡牛
2017-08-22	火	03:30	新月	獅子
2017-08-29	火	17:13	上弦	射手
2017-09-06	水	16:03	満月	魚
2017-09-13	水	15:25	下弦	双子
2017-09-20	水	14:30	新月	乙女
2017-09-28	木	11:53	上弦	山羊
2017-10-06	金	03:40	満月	牡羊
2017-10-12	木	21:25	下弦	蟹
2017-10-20	金	04:12	新月	天秤
2017-10-28	土	07:23	上弦	水瓶
2017-11-04	土	14:23	満月	牡牛
2017-11-11	土	05:36	下弦	獅子
2017-11-18	土	20:42	新月	蠍
2017-11-27	月	02:03	上弦	魚
2017-12-04	月	00:47	満月	双子
2017-12-10	日	16:51	下弦	乙女
2017-12-18	月	15:30	新月	射手
2017-12-26	火	18:20	上弦	牡羊

2019-04-05	金	17:50	新月	牡羊
2019-04-13	土	04:06	上弦	蟹
2019-04-19	金	20:12	満月	天秤
2019-04-27	土	07:18	下弦	水瓶
2019-05-05	日	07:45	新月	牡牛
2019-05-12	日	10:12	上弦	獅子
2019-05-19	日	06:11	満月	蠍
2019-05-27	月	01:33	下弦	魚
2019-06-03	月	19:02	新月	双子
2019-06-10	月	14:59	上弦	乙女
2019-06-17	月	17:31	満月	射手
2019-06-25	火	18:46	下弦	牡羊
2019-07-03	水	04:16	新月	蟹
2019-07-09	火	19:55	上弦	天秤
2019-07-17	水	06:38	満月	山羊
2019-07-25	木	10:18	下弦	牡牛
2019-08-01	木	12:12	新月	獅子
2019-08-08	木	02:31	上弦	蠍
2019-08-15	木	21:29	満月	水瓶
2019-08-23	金	23:56	下弦	双子
2019-08-30	金	19:37	新月	乙女
2019-09-06	金	12:10	上弦	射手
2019-09-14	土	13:33	満月	魚
2019-09-22	日	11:41	下弦	双子
2019-09-29	日	03:26	新月	天秤
2019-10-06	日	01:47	上弦	山羊
2019-10-14	月	06:08	満月	牡羊
2019-10-21	月	21:39	下弦	蟹
2019-10-28	月	12:38	新月	蠍
2019-11-04	月	19:23	上弦	水瓶
2019-11-12	火	22:34	満月	牡牛

2018-08-18	土	16:48	上弦	蠍
2018-08-26	日	20:56	満月	魚
2018-09-03	月	11:37	下弦	双子
2018-09-10	月	03:01	新月	乙女
2018-09-17	月	08:15	上弦	射手
2018-09-25	火	11:52	満月	牡羊
2018-10-02	火	18:45	下弦	蟹
2018-10-09	火	12:47	新月	天秤
2018-10-17	水	03:02	上弦	山羊
2018-10-25	木	01:45	満月	牡牛
2018-11-01	木	01:40	下弦	獅子
2018-11-08	木	01:02	新月	蠍
2018-11-15	木	23:54	上弦	水瓶
2018-11-23	金	14:39	満月	双子
2018-11-30	金	09:19	下弦	乙女
2018-12-07	金	16:20	新月	射手
2018-12-15	土	20:49	上弦	魚
2018-12-23	日	02:48	満月	蟹
2018-12-29	土	18:34	下弦	天秤
2019-01-06	日	10:28	新月	山羊
2019-01-14	月	15:45	上弦	牡羊
2019-01-21	月	14:16	満月	獅子
2019-01-28	月	06:10	下弦	蠍
2019-02-05	火	06:03	新月	水瓶
2019-02-13	水	07:26	上弦	牡牛
2019-02-20	水	00:53	満月	乙女
2019-02-26	火	20:28	下弦	射手
2019-03-07	木	01:04	新月	魚
2019-03-14	木	19:27	上弦	双子
2019-03-21	木	10:43	満月	天秤
2019-03-28	木	13:10	下弦	山羊

2020-07-05	日	13:44	満月	山羊
2020-07-13	月	08:29	下弦	牡羊
2020-07-21	火	02:33	新月	蟹
2020-07-27	月	21:32	上弦	蠍
2020-08-04	火	00:59	満月	水瓶
2020-08-12	水	01:45	下弦	牡牛
2020-08-19	水	11:42	新月	獅子
2020-08-26	水	02:57	上弦	射手
2020-09-02	水	14:22	満月	魚
2020-09-10	木	18:26	下弦	双子
2020-09-17	木	20:00	新月	乙女
2020-09-24	木	10:55	上弦	山羊
2020-10-02	金	06:05	満月	牡羊
2020-10-10	土	09:39	下弦	蟹
2020-10-17	土	04:31	新月	天秤
2020-10-23	金	22:23	上弦	水瓶
2020-10-31	土	23:49	満月	牡牛
2020-11-08	日	22:46	下弦	獅子
2020-11-15	日	14:07	新月	蠍
2020-11-22	日	13:45	上弦	魚
2020-11-30	月	18:30	満月	双子
2020-12-08	火	09:36	下弦	乙女
2020-12-15	火	01:16	新月	射手
2020-12-22	火	08:41	上弦	牡羊
2020-12-30	水	12:28	満月	蟹

2019-11-20	水	06:11	下弦	獅子
2019-11-27	水	00:05	新月	射手
2019-12-04	水	15:58	上弦	魚
2019-12-12	木	14:12	満月	双子
2019-12-19	木	13:57	下弦	乙女
2019-12-26	木	14:14	新月	山羊
2020-01-03	金	13:45	上弦	牡羊
2020-01-11	土	04:21	満月	蟹
2020-01-17	金	21:58	下弦	天秤
2020-01-25	土	06:42	新月	水瓶
2020-02-02	日	10:42	上弦	牡牛
2020-02-09	日	16:33	満月	獅子
2020-02-16	日	07:17	下弦	蠍
2020-02-24	月	00:32	新月	魚
2020-03-03	火	04:57	上弦	双子
2020-03-10	火	02:48	満月	乙女
2020-03-16	月	18:34	下弦	射手
2020-03-24	火	18:28	新月	牡羊
2020-04-01	水	19:21	上弦	蟹
2020-04-08	水	11:35	満月	天秤
2020-04-15	水	07:56	下弦	山羊
2020-04-23	木	11:26	新月	牡牛
2020-05-01	金	05:38	上弦	獅子
2020-05-07	木	19:45	満月	蠍
2020-05-14	木	23:03	下弦	水瓶
2020-05-23	土	02:39	新月	双子
2020-05-30	土	12:30	上弦	乙女
2020-06-06	土	04:12	満月	射手
2020-06-13	土	15:24	下弦	魚
2020-06-21	日	15:41	新月	蟹
2020-06-28	日	17:16	上弦	天秤

二十四節気表

有効期間２０１３年1月から２０３０年12月までの日本標準時における二十四節気表。

たとえば２０１４年の春分の日の日付を求める場合、まず春分の日の日付を読み取る。すると3月20日となっているが、要補正年の中に14が含まれている。これは２０１４年を表す。この場合1日足して3月21日が春分の日である。補正年に該当する年がある場合は表の「月日」に1日足すことで正しい日付が得られる。

２０１３年の夏至の日を表から読み取ると6月21日。補正年に13はないので２０１３年の補正は不要。

春分の日は地心黄道座標0度に太陽が入る日で牡羊座がはじまる。次の穀雨まで毎日約1度ずつ太陽は進む。約30日後、太陽は黄道座標30度（牡牛座0度）に入り節気は穀雨となる。サインは30度刻みなので他のサインについても同じ規則が当てはまる。

寒露は少なくとも２０３０年まではつねに10月8日である。

二十四節気表

節気	サイン	月日	要補正年（西暦）
冬至	山羊座	12月21日	13 14 15 17 18 19 21 22 23 25 26 27 30
小寒		01月05日	15 16 19 20 23 24 28
大寒	水瓶座	01月20日	16
立春		02月03日	13 14 15 16 17 18 19 20 22 23 24 26 27 28 30
雨水	魚座	02月18日	14 15 16 18 19 20 22 23 24 26 27 28 30
啓蟄		03月05日	14 15 18 19 23 27
春分	牡羊座	03月20日	14 15 18 19 22 23 27
清明		04月04日	13 14 15 18 19 22 23 26 27 30
穀雨	牡牛座	04月19日	13 14 15 16 17 18 19 21 22 23 25 26 27 29 30
立夏		05月05日	15 19 23 27
小満	双子座	05月20日	13 14 15 17 18 19 21 22 23 25 26 27 29 30
芒種		06月05日	14 15 18 19 22 23 26 27
夏至	蟹座	06月21日	15 19
小暑		07月06日	13 14 15 16 17 18 19 20 21 22 23 25 26 27 29 30
大暑	獅子座	07月22日	13 14 15 17 18 19 22 23 26 27 30
立秋		08月07日	15 19 23 27
処暑	乙女座	08月22日	13 14 15 16 17 18 19 20 21 22 23 25 26 27 29 30
白露		09月07日	14 15 18 19 22 23 27
秋分	天秤座	09月22日	13 14 15 17 18 19 21 22 23 25 26 27 29 30
寒露		10月08日	
霜降	蠍座	10月23日	15 19 23 27
立冬		11月07日	15 19 23 27
小雪	射手座	11月22日	15
大雪		12月07日	28

有効期間2013年から2030年まで。

オーディオ教材のご案内

本を読んで弛緩法や周天法や光体法の手順をおぼえることは、最初は少し難しく感じるかもしれません。目を閉じて横たわった状態では本を読むこともできません。近くで誰かが手順を指示してくれると、とてもやりやすくなります。

そこでそのような瞑想誘導を行うオーディオ教材を用意しました。ヨガ教室などで行われている瞑想誘導と同じように、先生が指示を出し生徒はその指示に従って、体に注意を向けたり視覚化したりして、心と幽体と肉体をコントロールするというものです。弛緩法、呼吸法、周天法、光体法の練習ができます。筆者自身が誘導しています。

本書付属のCDになる予定だったのですが、筆者のサイトでダウンロード販売することになりました。MP3プレーヤーで再生できます。詳しくは筆者のサイトをご覧ください。

http://tetramorph.to/oobe/

著者プロフィール
大澤義孝
1964年生まれ。神秘思想研究家。コンピュータ・プログラマー。十代よりゲームプログラマーとして活躍。二十代初めに神秘思想に興味を持ち今に至る。インターネットを中心に「祐天寺タロット研究会」、「幽体離脱講座」を主催する。占星術ソフト・アマテル（フリーソフトウェア）の作者でもある。著書に『幽体離脱入門』（アールズ出版）がある。
E-Mail : oobe@tetramorph.to
魅惑の星幽界ホームページ
http://tetramorph.to/oobe/

本文組版／字打屋

幽体離脱トレーニングブック

2013年 5月29日　初版第1刷発行

著　　者　大澤義孝

装　　幀　中山銀士 + 金子暁仁

発 行 者　森 弘毅

発 行 所　株式会社 アールズ出版
東京都文京区本郷1-33-6 ヘミニスIIビル 〒113-0033
TEL 03-5805-1781　　FAX 03-5805-1780
http://www.rs-shuppan.co.jp

印刷・製本　中央精版印刷株式会社

ISBN978-4-86204-248-4 C0011